Medelhavets Smaker

En Kokbok Fylld med Sol, Kärlek och Hälsa

Sofia Andersson

Innehållsförteckning

Havsabborre i en ficka 9

Krämig rökt laxpasta 11

Slow Cooker grekisk kyckling 13

Kycklinggyros 15

Slow Cooker Chicken Cassoulet 17

Turkietstek i grekisk stil 20

Vitlökskyckling med Couscous 22

Kyckling Karahi 24

Kyckling Cacciatore med Orzo 26

Slow Cooked Daube Provencal 28

Osso Bucco 30

Slow Cooker Beef Bourguignon 32

Balsamicobiff 35

Kalvgrytstek 37

Medelhavsris och korv 39

Spanska köttbullar 40

Blomkålsbiffar med olivcitrussås 42

Pistasch Mint Pesto Pasta 44

Burst Körsbärstomatsås med Angel Hair Pasta 46

Bakad tofu med soltorkade tomater och kronärtskockor 48

Bakad medelhavstempeh med tomater och vitlök 50

Rostade Portobellosvamp med grönkål och rödlök 53

Ricotta, basilika och pistagefylld zucchini 57

Farro med rostade tomater och champinjoner 59

Bakad orzo med aubergine, mangold och mozzarella 62

Kornrisotto med tomater 64

Kikärter och grönkål med kryddig pomodorosås 66

Rostad fetaost med grönkål och citronyoghurt 68

Rostad aubergine och kikärter med tomatsås 70

Bakade Falafel Sliders 72

Portobello Caprese 74

Champinjon- och ostfyllda tomater 76

Tabbouleh 78

Kryddig Broccoli Rabe Och Kronärtskocka Hjärtan 80

Shakshuka 82

Spanakopita 84

Tagine 86

Citrus pistagenötter och sparris 88

Tomat och persilja fylld aubergine 90

Ratatouille 92

Gemista 94

Fyllda kålrullar 96

Brysselkål med balsamicoglasyr 98

Spenatsallad med citrusvinägrett 100

Enkel selleri och apelsinsallad 101

Friterade auberginerullar 103

Skål med rostade grönsaker och brunt ris 105

Blomkålhash med morötter 107

Garlicky zucchini kuber med mynta 108

Zucchini och kronärtskockor skål med Faro 109

5-Ingrediens Zucchini Fritters 111

Kyckling Fiesta sallad 113

Majs & svarta bönor sallad 115

Fantastisk pastasallad 116

Tonfisksallad 118

Södra potatissallad 119

Sju lager sallad 121

Grönkål, Quinoa & avokadosallad med citron Dijonvinägrett 123

Kycklingsallad 125

Cobb sallad 127

Broccolisallad 129

Jordgubbsspenatsallad 131

Päronsallad med Roquefortost 133

Mexikansk bönsallad 135

Melonsallad 137

Apelsinsellerisallad 139

Grillad broccolisallad 140

Tomatsallad 142

Fetabetssallad 143

Blomkål & Tomatsallad 144

Pilaf med färskost 145

Rostad aubergine sallad 147

Rostade grönsaker 148

Pistage ruccolasallad 150

Parmesan korn Risotto 151

Skaldjur & avokadosallad 153

Medelhavsräksallad 155

Kikärtspastasallad 156

Medelhavsröra 158

Balsamic gurksallad 160

Beef Kefta biffar med gurksallad 161

Kyckling och gurksallad med persiljepesto 163

Lätt ruccolasallad 165

Feta Garbanzo bönsallad 166

Grekiska bruna och vilda risskålar 167

Grekisk middagssallad 168

Hälleflundra med citron-fänkålssallad 170

Örtad grekisk kycklingsallad 172

Grekisk Couscoussallad 174

Denver stekt omelett 176

Korvpanna 178

Grillade marinerade räkor 180

Korväggsgryta 182

Bakade omelettrutor 184

Hårdkokt ägg 186

Svamp med sojasåsglasyr 187

Ägg muffins 189

Dinosaurieägg 191

Paleo mandelbananpannkakor 195

Zucchini med ägg 197

Ostlik Amish frukostgryta 198

Sallad med Roquefortost 200

Ris med Vermicelli 202

Fava bönor och ris 204

Smörade Favabönor 206

Freekeh 207
Friterade risbollar med tomatsås 208
Ris i spansk stil 210
Zucchini med ris och tzatziki 212
Cannellinibönor med rosmarin och vitlöksaioli 214
Jeweled ris 215
Sparris Risotto 217

Havsabborre i en ficka

Förberedelsetid: 10 minuter

Tillagningstid: 25 minuter

Portioner: 4

Svårighetsgrad: Genomsnittlig

Ingredienser:

- 4 havsabborrefiléer
- 4 skivade vitlöksklyftor
- 1 skivad selleristjälk
- 1 skivad zucchini
- 1 c. halverade körsbärstomater halverade
- 1 schalottenlök, skivad
- 1 tsk. torkad oregano
- Salt och peppar

Vägbeskrivning:

Blanda vitlök, selleri, zucchini, tomater, schalottenlök och oregano i en skål. Tillsätt salt och peppar efter smak. Ta 4 ark bakplåtspapper och placera dem på din arbetsyta. Skeda grönsaksblandningen i mitten av varje ark.

Toppa med en fiskfilé och slå sedan in papperet väl så att det liknar en ficka. Placera den inslagna fisken i en bakplåt och tillaga i den förvärmda ugnen vid 350 F/176 C i 15 minuter. Servera fisken varm och färsk.

Näring (för 100g): 149 Kalorier 2,8g Fett 5,2g Kolhydrater 25,2g Protein 696mg Natrium

Krämig rökt laxpasta

Förberedelsetid: 5 minuter

Tillagningstid: 35 minuter

Portioner: 4

Svårighetsgrad: Genomsnittlig

Ingredienser:

- 2 msk. olivolja
- 2 hackade vitlöksklyftor
- 1 schalottenlök, hackad
- 4 oz. eller 113 g hackad lax, rökt
- 1 c. gröna ärtor
- 1 c. tung grädde
- Salt och peppar
- 1 nypa chiliflakes
- 8 oz. eller 230 g pennepasta
- 6 c. vatten

Vägbeskrivning:

Sätt pannan på medelhög värme och tillsätt olja. Tillsätt vitlök och schalottenlök. Koka i 5 minuter eller tills den mjuknat. Tillsätt ärtor, salt, peppar och chiliflakes. Koka i 10 minuter

Tillsätt laxen och fortsätt koka i 5-7 minuter till. Tillsätt kraftig grädde, sänk värmen och koka i ytterligare 5 minuter.

Ställ under tiden en kastrull med vatten och salt efter din smak på hög värme så fort det kokar, tillsätt pennepasta och låt koka i 8-10 minuter eller tills den mjuknat. Häll av pastan, lägg till laxsåsen och servera

Näring (för 100g):393 Kalorier 20,8g Fett 38g Kolhydrater 3g Protein 836mg Natrium

Slow Cooker grekisk kyckling

Förberedelsetid: 20 minuter

Tillagningstid: 3 timmar

Portioner: 4

Svårighetsgrad: Genomsnittlig

Ingredienser:

- 1 msk extra virgin olivolja
- 2 pund benfria, kycklingbröst
- ½ tsk koshersalt
- ¼ tsk svartpeppar
- 1 (12-ounce) burk rostad röd paprika
- 1 kopp Kalamata oliver
- 1 medelstor rödlök, skuren i bitar
- 3 msk rödvinsvinäger
- 1 msk finhackad vitlök
- 1 tsk honung
- 1 tsk torkad oregano
- 1 tsk torkad timjan
- ½ kopp fetaost (valfritt, för servering)
- Hackade färska örter: valfri blandning av basilika, persilja eller timjan (valfritt, för servering)

Vägbeskrivning:

Pensla slow cooker med nonstick matlagningsspray eller olivolja. Koka olivoljan i en stor stekpanna. Krydda båda sidor av kycklingbrösten. När oljan är varm, tillsätt kycklingbrösten och stek på båda sidor (ca 3 minuter).

När den är tillagad, överför den till långsamkokaren. Tillsätt röd paprika, oliver och rödlök till kycklingbrösten. Försök att lägga grönsakerna runt kycklingen och inte direkt ovanpå.

Blanda vinäger, vitlök, honung, oregano och timjan i en liten skål. När det är kombinerat, häll det över kycklingen. Koka kycklingen på låg nivå i 3 timmar eller tills den inte längre är rosa i mitten. Servera med smulad fetaost och färska örter.

Näring (för 100g): 399 Kalorier 17g Fett 12g Kolhydrater 50g Protein 793mg Natrium

Kycklinggyros

Förberedelsetid: 10 minuter

Tillagningstid: 4 timmar

Portioner: 4

Svårighetsgrad: Genomsnittlig

Ingredienser:

- 2 lbs. benfria kycklingbröst eller kycklingmör
- Saften av en citron
- 3 vitlöksklyftor
- 2 tsk rödvinsvinäger
- 2–3 matskedar olivolja
- ½ kopp grekisk yoghurt
- 2 tsk torkad oregano
- 2–4 tsk grekisk krydda
- ½ liten rödlök, hackad
- 2 matskedar dill ogräs
- Tzatziki sås
- 1 dl vanlig grekisk yoghurt
- 1 matsked dill ogräs
- 1 liten engelsk gurka, hackad
- Nypa salt och peppar
- 1 tsk lökpulver
- <u>För pålägg:</u>

- Tomater
- Hackad gurka
- Hackad rödlök
- Tärnad fetaost
- Smulat pitabröd

Vägbeskrivning:

Skiva kycklingbrösten i tärningar och lägg i långsamkokaren. Tillsätt citronsaft, vitlök, vinäger, olivolja, grekisk yoghurt, oregano, grekisk krydda, rödlök och dill i långsamkokaren och rör om så att allt är väl kombinerat.

Koka på låg i 5–6 timmar eller på hög i 2–3 timmar. Blanda under tiden alla ingredienser till tzatzikisåsen och rör om. När väl blandat, ställ in i kylen tills kycklingen är klar.

När kycklingen är klar, servera med pitabröd och något eller alla toppings som listas ovan.

Näring (för 100g): 317 kalorier 7,4g Fett 36,1g Kolhydrater 28,6g Protein 476mg Natrium

Slow Cooker Chicken Cassoulet

Förberedelsetid: 10 minuter

Tillagningstid: 20 minuter

Portioner: 16

Svårighetsgrad: Genomsnittlig

Ingredienser:

- 1 kopp torra marinblå bönor, blötlagda
- 8 kycklinglår utan skinn med ben
- 1 polsk korv, kokt och hackad i lagom stora bitar (valfritt)
- 1¼ kopp tomatjuice
- 1 (28-ounce) burk halverade tomater
- 1 msk Worcestershiresås
- 1 tsk instant nöt- eller kycklingbuljonggranulat
- ½ tsk torkad basilika
- ½ tsk torkad oregano
- ½ tsk paprika
- ½ dl hackad selleri
- ½ kopp hackad morot
- ½ kopp hackad lök

Vägbeskrivning:

Pensla långsamkokaren med olivolja eller nonstick-spray. Rör ihop tomatjuice, tomater, worcestershiresås, nötbuljong, basilika, oregano och paprika i en mixerskål. Se till att ingredienserna är väl kombinerade.

Placera kycklingen och korven i långsamkokaren och täck med tomatjuiceblandningen. Toppa med selleri, morot och lök. Koka på låg i 10–12 timmar.

Näring (för 100g): 244 Kalorier 7g Fett 25g Kolhydrater 21g

Slow Cooker Provencalsk kyckling

Förberedelsetid: 5 minuter

Tillagningstid: 8 timmar

Portioner: 4

Svårighetsgrad: Lätt

Ingredienser:

- 4 (6-ounce) skinnfria kycklingbrösthalvor med ben
- 2 tsk torkad basilika
- 1 tsk torkad timjan
- 1/8 tsk salt
- 1/8 tsk nymalen svartpeppar
- 1 gul paprika, tärnad
- 1 röd paprika, tärnad
- 1 (15,5 ounce) burk cannellinibönor
- 1 (14,5-ounce) burk petite tomater med basilika, vitlök och oregano, odränerad

Vägbeskrivning:

Pensla långsamkokaren med nonstick olivolja. Tillsätt alla ingredienser i långsamkokaren och rör om för att kombinera. Koka på låg i 8 timmar.

Näring (för 100g): 304 kalorier 4,5 g Fett 27,3 g Kolhydrater 39,4 g Protein 639 mg Natrium

Turkietstek i grekisk stil

Förberedelsetid: 20 minuter

Tillagningstid: 7 timmar och 30 minuter

Portioner: 8

Svårighetsgrad: Genomsnittlig

Ingredienser:

- 1 (4-pund) benfritt kalkonbröst, trimmat
- ½ dl kycklingbuljong, delad
- 2 matskedar färsk citronsaft
- 2 dl hackad lök
- ½ kopp urkärnade Kalamata-oliver
- ½ dl oljepackade soltorkade tomater, tunt skivade
- 1 tsk grekisk krydda
- ½ tsk salt
- ¼ tesked nymalen svartpeppar
- 3 msk universalmjöl (eller fullkornsvete)

Vägbeskrivning:

Pensla långsamkokaren med nonstick-spray eller olivolja. Tillsätt kalkonen, ¼ kopp kycklingbuljong, citronsaft, lök, oliver, soltorkade tomater, grekisk krydda, salt och peppar i långsamkokaren.

Koka på låg i 7 timmar. Gissla mjölet i den återstående ¼ koppen kycklingbuljong och rör sedan försiktigt ner i den långsamma kokaren. Koka i ytterligare 30 minuter.

Näring (för 100g):341 Kalorier 19g Fett 12g Kolhydrater 36,4g Protein 639mg Natrium

Vitlökskyckling med Couscous

Förberedelsetid: 25 minuter

Tillagningstid: 7 timmar

Portioner: 4

Svårighetsgrad: Genomsnittlig

Ingredienser:

- 1 hel kyckling, skuren i bitar
- 1 msk extra virgin olivolja
- 6 vitlöksklyftor, halverade
- 1 dl torrt vitt vin
- 1 kopp couscous
- ½ tsk salt
- ½ tsk peppar
- 1 medelstor lök, tunt skivad
- 2 tsk torkad timjan
- 1/3 kopp fullkornsmjöl

Vägbeskrivning:

Koka olivoljan i en tjock stekpanna. När stekpannan är varm, tillsätt kycklingen för att bryna. Se till att kycklingbitarna inte rör vid varandra. Koka med skinnsidan nedåt i cirka 3 minuter eller tills de fått färg.

Pensla din slow cooker med nonstick-spray eller olivolja. Lägg löken, vitlöken och timjan i långsamkokaren och strö över salt och peppar. Rör ner kycklingen ovanpå löken.

I en separat skål, vispa ner mjölet i vinet tills det inte finns några klumpar, häll sedan över kycklingen. Koka på låg i 7 timmar eller tills den är klar. Du kan laga mat på hög i 3 timmar också. Servera kycklingen över den kokta couscousen och skeda såsen över.

Näring (för 100g): 440 kalorier 17,5 g Fett 14 g Kolhydrater 35,8 g Protein 674 mg Natrium

Kyckling Karahi

Förberedelsetid: 5 minuter

Tillagningstid: 5 timmar

Portioner: 4

Svårighetsgrad: Lätt

Ingredienser:

- 2 lbs. kycklingbröst eller lår
- ¼ kopp olivolja
- 1 liten burk tomatpuré
- 1 msk smör
- 1 stor lök, tärnad
- ½ kopp vanlig grekisk yoghurt
- ½ kopp vatten
- 2 msk ingefära i vitlökspasta
- 3 matskedar bockhornsklöver blad
- 1 tsk mald koriander
- 1 medelstor tomat
- 1 tsk röd chili
- 2 gröna chili
- 1 tsk gurkmeja
- 1 msk garam masala
- 1 tsk spiskumminpulver
- 1 tsk havssalt
- ¼ tesked muskotnöt

Vägbeskrivning:

Pensla långsamkokaren med nonstick-spray. Blanda alla kryddorna noggrant i en liten skål. Blanda i kycklingen till långsam kokaren, följt av ingrediensernas vila, inklusive kryddblandningen. Rör om tills allt är väl blandat med kryddorna.

Koka på låg i 4–5 timmar. Servera med naanbröd eller italienskt bröd.

Näring (för 100g): 345 kalorier 9,9 g Fett 10 g Kolhydrater 53,7 g Protein 715 mg Natrium

Kyckling Cacciatore med Orzo

Förberedelsetid: 20 minuter

Tillagningstid: 4 timmar

Portioner: 6

Svårighetsgrad: Lätt

Ingredienser:

- 2 pund skinn-på kycklinglår
- 1 msk olivolja
- 1 dl champinjoner, i fjärdedelar
- 3 morötter, hackade
- 1 liten burk Kalamata oliver
- 2 (14-ounce) burkar tärnade tomater
- 1 liten burk tomatpuré
- 1 dl rött vin
- 5 vitlöksklyftor
- 1 kopp orzo

Vägbeskrivning:

Koka olivoljan i en stor stekpanna. När oljan är uppvärmd, tillsätt kycklingen med skinnsidan nedåt och stek den. Se till att kycklingbitarna inte rör vid varandra.

När kycklingen är brynt, lägg i den långsamma kokaren tillsammans med alla ingredienser utom orzo. Koka kycklingen på låg nivå i 2 timmar, tillsätt sedan orzo och koka i ytterligare 2 timmar. Servera med ett knaprigt franskbröd.

Näring (för 100g): 424 kalorier 16 g fett 10 g kolhydrater 11 g protein 845 mg natrium

Slow Cooked Daube Provencal

Förberedelsetid: 15 minuter

Tillagningstid: 8 timmar

Portioner: 8

Svårighetsgrad: Genomsnittlig

Ingredienser:

- 1 msk olivolja
- 10 vitlöksklyftor, hackade
- 2 pund benfri chuckstek
- 1½ tsk salt, delat
- ½ tsk nymalen svartpeppar
- 1 dl torrt rött vin
- 2 dl morötter, hackade
- 1½ dl lök, hackad
- ½ dl nötbuljong
- 1 (14-ounce) burk tärnade tomater
- 1 msk tomatpuré
- 1 tsk färsk rosmarin, hackad
- 1 tsk färsk timjan, hackad
- ½ tsk apelsinskal, rivet
- ½ tsk mald kanel
- ¼ tesked mald kryddnejlika
- 1 lagerblad

Vägbeskrivning:

Värm upp en stekpanna och tillsätt sedan olivoljan. Tillsätt hackad vitlök och lök och koka tills löken är mjuk och vitlöken börjar få färg.

Tillsätt det tärnade köttet, salt och peppar och koka tills köttet har fått färg. Överför köttet till långsamkokaren. Blanda i nötköttsbuljongen i stekpannan och låt puttra i cirka 3 minuter för att avglasa pannan, häll sedan i långsam kokare över köttet.

Tillsätt resten av ingredienserna i långsamkokaren och rör om väl för att kombinera. Ställ in slow cooker på låg och koka i 8 timmar, eller ställ in på hög och koka i 4 timmar. Servera med en sida av äggnudlar, ris eller något knaprigt italienskt bröd.

Näring (för 100g): 547 kalorier 30,5 g Fett 22 g Kolhydrater 45,2 g Protein 809 mg Natrium

Osso Bucco

Förberedelsetid: 30 minuter

Tillagningstid: 8 timmar

Portioner: 3

Svårighetsgrad: Genomsnittlig

Ingredienser:

- 4 oxlägg eller kalvlägg
- 1 tsk havssalt
- ½ tesked mald svartpeppar
- 3 matskedar fullkornsmjöl
- 1–2 matskedar olivolja
- 2 medelstora lökar, tärnade
- 2 medelstora morötter, tärnade
- 2 stjälkselleri, tärnade
- 4 vitlöksklyftor, hackade
- 1 (14-ounce) burk tärnade tomater
- 2 tsk torkade timjanblad
- ½ dl nöt- eller grönsaksfond

Vägbeskrivning:

Krydda skaften på båda sidor, doppa sedan i mjölet för att täcka. Värm en stor stekpanna över hög värme. Tillsätt olivoljan. När oljan är varm, tillsätt skaften och bryn jämnt på båda sidor. När den är brun, överför den till långsamkokaren.

Häll fonden i stekpannan och låt puttra i 3-5 minuter under omrörning för att avglasa pannan. Överför resten av ingredienserna till den långsamma kokaren och häll fonden från stekpannan över toppen.

Justera långsamkokaren till låg och koka i 8 timmar. Servera Osso Bucco över quinoa, brunt ris eller till och med blomkålsris.

Näring (för 100g): 589 Kalorier 21,3g Fett 15g Kolhydrater 74,7g Protein 893mg Natrium

Slow Cooker Beef Bourguignon

Förberedelsetid: 5 minuter

Tillagningstid: 8 timmar

Portioner: 8

Svårighetsgrad: Svår

Ingredienser:

- 1 msk extra virgin olivolja
- 6 uns bacon, grovt hackad
- 3 pund oxbringa, trimmad av fett, skuren i 2-tums kuber
- 1 stor morot, skivad
- 1 stor vit lök, tärnad
- 6 vitlöksklyftor, hackade och delade
- ½ tsk grovt salt
- ½ tsk nymalen peppar
- 2 matskedar fullkornsvete
- 12 små pärllökar
- 3 koppar rött vin (Merlot, Pinot Noir eller Chianti)
- 2 dl nötbuljong
- 2 msk tomatpuré
- 1 buljongtärning, krossad
- 1 tsk färsk timjan, finhackad
- 2 msk färsk persilja
- 2 lagerblad
- 2 msk smör eller 1 msk olivolja

- 1 pund färska små vita eller bruna svampar, i fjärdedelar

Vägbeskrivning:

Hetta upp en stekpanna på medelhög värme och tillsätt sedan olivoljan. När oljan har värmts upp, koka baconet tills det är knaprigt och lägg det sedan i din slow cooker. Spara baconfettet i stekpannan.

Torka av nötköttet och tillaga det i samma stekpanna med baconfettet tills alla sidor har samma bruna färg. Överför till slow cookern.

Blanda i lök och morötter till långsamkokaren och smaka av med salt och peppar. Rör om för att kombinera ingredienserna och se till att allt är kryddat.

Rör ner rödvinet i stekpannan och låt sjuda i 4–5 minuter för att avglasa pannan, vispa sedan i mjölet under omrörning tills det är slätt. Fortsätt koka tills vätskan minskar och tjocknar lite.

När vätskan har tjocknat, häll den i långsamkokaren och rör om så att allt täcks med vinblandningen. Tillsätt tomatpuré, buljongtärning, timjan, persilja, 4 vitlöksklyftor och lagerblad. Justera din slow cooker till hög och koka i 6 timmar, eller ställ in på låg och koka i 8 timmar.

Mjuka upp smöret eller värm olivoljan i en stekpanna på medelvärme. När oljan är varm, rör ner de återstående 2 vitlöksklyftorna och koka i ca 1 minut innan du tillsätter svampen.

Koka svampen tills den är mjuk, lägg sedan i den långsamma kokaren och blanda ihop.

Servera med potatismos, ris eller nudlar.

Näring (för 100g): 672 kalorier 32g Fett 15g Kolhydrater 56g Protein 693mg Natrium

Balsamicobiff

Förberedelsetid: 5 minuter

Tillagningstid: 8 timmar

Portioner: 10

Svårighetsgrad: Genomsnittlig

Ingredienser:

- 2 pund benfri chuckstek
- 1 msk olivolja
- Gnugga
- 1 tsk vitlökspulver
- ½ tesked lökpulver
- 1 tsk havssalt
- ½ tsk nymalen svartpeppar
- Sås
- ½ kopp balsamvinäger
- 2 matskedar honung
- 1 msk honungssenap
- 1 dl nötbuljong
- 1 matsked tapioka, fullkornsvetemjöl eller majsstärkelse (för att tjockna såsen när den är klar om så önskas)

Vägbeskrivning:

Inkorporera alla ingredienser för rubbet.

Blanda balsamvinäger, honung, honungssenap och nötbuljong i en separat skål. Täck steken i olivolja och gnid sedan in kryddorna från rubmixen. Placera steken i den långsamma kokaren och häll sedan såsen över toppen. Justera långsamkokaren till låg och koka i 8 timmar.

Om du vill tjockna såsen när steken är klar, överför den från långsamkokaren till en serveringsfat. Fyll sedan vätskan i en kastrull och värm till kokning på spishällen. Blanda mjölet tills det är slätt och låt puttra tills såsen tjocknar.

Näring (för 100g): 306 kalorier 19g Fett 13g Kolhydrater 25g Protein 823mg Natrium

Kalvgrytstek

Förberedelsetid: 20 minuter

Tillagningstid: 5 timmar

Portioner: 8

Svårighetsgrad: Genomsnittlig

Ingredienser:

- 2 matskedar olivolja
- Salt och peppar
- 3-punds benfri kalvstek, knuten
- 4 medelstora morötter, skalade
- 2 palsternacka, skalade och halverade
- 2 vita kålrot, skalade och delade i fjärdedelar
- 10 vitlöksklyftor, skalade
- 2 kvistar färsk timjan
- 1 apelsin, skrubbad och skalad
- 1 dl kyckling- eller kalvfond

Vägbeskrivning:

Värm en stor stekpanna över medelhög värme. Skölj kalvstek överallt med olivolja och smaka av med salt och peppar. När stekpannan är varm, tillsätt kalvsteken och stek den på alla sidor. Detta tar cirka 3 minuter på varje sida, men denna process försluter saften och gör köttet saftigt.

När den är tillagad, placera den i långsamkokaren. Kasta morötter, palsternacka, kålrot och vitlök i stekpannan. Rör om och koka i cirka 5 minuter – inte hela vägen igenom, bara för att få lite av de bruna bitarna från kalvköttet och ge dem lite färg.

Överför grönsakerna till den långsamma kokaren och lägg dem runt hela köttet. Toppa steken med timjan och skalet från apelsinen. Skär apelsinen på mitten och pressa saften över köttet. Tillsätt kycklingfonden och tillaga sedan steken på låg i 5 timmar.

Näring (för 100g): 426 kalorier 12,8g Fett 10g Kolhydrater 48,8g Protein 822mg Natrium

Medelhavsris och korv

Förberedelsetid: 15 minuter

Tillagningstid: 8 timmar

Portioner: 6

Svårighetsgrad: Genomsnittlig

Ingredienser:

- 1½ pund italiensk korv, smulad
- 1 medelstor lök, hackad
- 2 msk biffsås
- 2 dl långkornigt ris, okokt
- 1 (14-ounce) burk tärnade tomater med juice
- ½ kopp vatten
- 1 medelstor grön paprika, tärnad

Vägbeskrivning:

Spraya din slow cooker med olivolja eller nonstick-spray. Tillsätt korven, löken och biffsåsen i långsamkokaren. Ställ in på låg i 8 till 10 timmar.

Efter 8 timmar, tillsätt ris, tomater, vatten och grönpeppar. Rör om så att det blandas ordentligt. Koka ytterligare 20 till 25 minuter.

Näring (för 100g): 650 kalorier 36g Fett 11g Kolhydrater 22g Protein 633mg Natrium

Spanska köttbullar

Förberedelsetid: 20 minuter

Tillagningstid: 5 timmar

Portioner: 6

Svårighetsgrad: Svår

Ingredienser:

- 1-pund mald kalkon
- 1-pund malet fläsk
- 2 ägg
- 1 (20-ounce) burk tärnade tomater
- ¾ kopp söt lök, hackad, delad
- ¼ kopp plus 1 msk ströbröd
- 3 msk färsk persilja, hackad
- 1½ tsk spiskummin
- 1½ tsk paprika (söt eller varm)

Vägbeskrivning:

Spraya långsamkokaren med olivolja.

I en blandningsskål, inkorporera malet kött, ägg, ungefär hälften av löken, ströbrödet och kryddorna.

Tvätta händerna och blanda tills allt är väl blandat. Blanda inte för mycket, eftersom det blir sega köttbullar. Forma till köttbullar. Hur stora du gör dem avgör självklart hur många köttbullar du får totalt.

Koka 2 matskedar olivolja på medelvärme i en stekpanna. När de är varma, blanda i köttbullarna och bryn på alla sidor. Se till att bollarna inte rör vid varandra så att de får färg jämnt. När de är klara överför du dem till långsamkokaren.

Tillsätt resten av löken och tomaterna i stekpannan och låt dem koka i några minuter, skrapa upp de bruna bitarna från köttbullarna för att ge smak. För över tomaterna över köttbullarna i den långsamma kokaren och koka på låg i 5 timmar.

Näring (för 100g): 372 Kalorier 21,7g Fett 15g Kolhydrater 28,6 Protein 772mg Natrium

Blomkålsbiffar med olivcitrussås

Förberedelsetid: 15 minuter

Tillagningstid: 30 minuter

Portioner: 4

Svårighetsgrad: Genomsnittlig

Ingredienser:

- 1 eller 2 stora blomkålshuvuden
- 1/3 kopp extra virgin olivolja
- ¼ tesked kosher salt
- 1/8 tsk mald svartpeppar
- Saft av 1 apelsin
- Skal av 1 apelsin
- ¼ kopp svarta oliver, urkärnade och hackade
- 1 msk dijon- eller kornig senap
- 1 msk rödvinsvinäger
- ½ tsk mald koriander

Vägbeskrivning:

Värm ugnen till 400°F. Lägg bakplåtspapper eller folie i bakplåten. Skär bort stjälken på blomkålen så att den sitter upprätt. Skiva den vertikalt i fyra tjocka skivor. Lägg blomkålen på den förberedda bakplåten. Pensla med olivolja, salt och svartpeppar. Grädda i ca 30 minuter.

I en medelstor skål, rör om apelsinjuice, apelsinskal, oliver, senap, vinäger och koriander; blanda väl. Servera med såsen.

Näring (för 100g): 265 kalorier 21g Fett 4g Kolhydrater 5g Protein 693mg Natrium

Pistasch Mint Pesto Pasta

Förberedelsetid: 10 minuter

Tillagningstid: 10 minuter

Portioner: 4

Svårighetsgrad: Genomsnittlig

Ingredienser:

- 8 uns fullkornspasta
- 1 kopp färsk mynta
- ½ kopp färsk basilika
- 1/3 kopp osaltade pistagenötter, skalade
- 1 vitlöksklyfta, skalad
- ½ tsk kosher salt
- Saft av ½ lime
- 1/3 kopp extra virgin olivolja

Vägbeskrivning:

Koka pastan enligt anvisningarna på förpackningen. Häll av, spara ½ kopp av pastavattnet och ställ åt sidan. Tillsätt mynta, basilika, pistagenötter, vitlök, salt och limejuice i en matberedare. Bearbeta tills pistagenötterna är grovmalda. Rör i olivoljan i en långsam, stadig ström och bearbeta tills den är inkorporerad.

Blanda pastan med pistagepeston i en stor skål. Om du vill ha en tunnare, mer saftig konsistens, tillsätt lite av det reserverade pastavattnet och rör om väl.

Näring (för 100g): 420 kalorier 3g Fett 2g Kolhydrater 11g Protein 593mg Natrium

Burst Körsbärstomatsås med Angel Hair Pasta

Förberedelsetid: 10 minuter
Tillagningstid: 20 minuter
Portioner: 4
Svårighetsgrad: Genomsnittlig

Ingredienser:

- 8 ounces angel hair pasta
- 2 matskedar extra virgin olivolja
- 3 vitlöksklyftor, hackade
- 3 pints körsbärstomater
- ½ tsk kosher salt
- ¼ tesked röd paprikaflingor
- ¾ kopp färsk basilika, hackad
- 1 matsked vit balsamvinäger (valfritt)
- ¼ kopp riven parmesanost (valfritt)

Vägbeskrivning:

Koka pastan enligt anvisningarna på förpackningen. Häll av och ställ åt sidan.

Koka olivoljan i en stekpanna eller stor stekpanna på medelhög värme. Rör ner vitlöken och fräs i 30 sekunder. Blanda i tomaterna, saltet och rödpepparflingorna och koka, rör om då och då, tills tomaterna spricker, cirka 15 minuter.

Ta ut från värmen och rör ner pasta och basilika. Rör ihop väl. (För tomater utanför säsong, tillsätt vinäger, om så önskas, och blanda väl.) Servera.

Näring (för 100g): 305 kalorier 8g fett 3g kolhydrater 11g protein 559mg natrium

Bakad tofu med soltorkade tomater och kronärtskockor

Förberedelsetid: 30 minuter
Tillagningstid: 30 minuter
Portioner: 4
Svårighetsgrad: Genomsnittlig

Ingredienser:

- 1 (16-ounce) förpackning extra fast tofu, skuren i 1-tums kuber
- 2 matskedar extra virgin olivolja, delad
- 2 msk citronsaft, delad
- 1 matsked sojasås med låg natriumhalt
- 1 lök, tärnad
- ½ tsk kosher salt
- 2 vitlöksklyftor, hackade
- 1 (14-ounce) burk kronärtskocka hjärtan, avrunna
- 8 soltorkade tomater
- ¼ tesked nymalen svartpeppar
- 1 msk vitvinsvinäger
- Skal av 1 citron
- ¼ kopp färsk persilja, hackad

Vägbeskrivning:

Förbered ugnen till 400°F. Lägg folien eller bakplåtspappret i bakplåten. I en skål, kombinera tofun, 1 matsked olivolja, 1 matsked citronsaft och sojasås. Ställ åt sidan och marinera i 15 till 30 minuter. Ordna tofun i ett enda lager på den förberedda bakplåten och grädda i 20 minuter, vänd en gång, tills den är ljus gyllenbrun.

Koka den återstående 1 msk olivolja i en stor stekpanna eller stekpanna på medelvärme. Tillsätt löken och saltet; fräs tills det är genomskinligt, 5 till 6 minuter. Blanda i vitlöken och fräs i 30 sekunder. Lägg sedan kronärtskockshjärtan, soltorkade tomater och svartpeppar och fräs i 5 minuter. Tillsätt vitvinsvinägern och den återstående 1 msk citronsaft och avglasera pannan, skrapa upp eventuella bruna bitar. Ta kastrullen från värmen och lägg i citronskal och persilja. Blanda försiktigt i den bakade tofun.

Näring (för 100g): 230 kalorier 14 g fett 5 g kolhydrater 14 g protein 593 mg natrium

Bakad medelhavstempeh med tomater och vitlök

Förberedelsetid: 25 minuter, plus 4 timmar att marinera

Tillagningstid: 35 minuter

Portioner: 4

Svårighetsgrad: Svår

Ingredienser:

- För Tempeh
- 12 uns tempeh
- ¼ kopp vitt vin
- 2 matskedar extra virgin olivolja
- 2 msk citronsaft
- Skal av 1 citron
- ¼ tesked kosher salt
- ¼ tesked nymalen svartpeppar
- Till tomater och vitlökssås
- 1 msk extra virgin olivolja
- 1 lök, tärnad
- 3 vitlöksklyftor, hackade
- 1 (14,5 ounce) burk krossade tomater utan salttillsats
- 1 bifftomat, tärnad
- 1 torkat lagerblad
- 1 tsk vitvinsvinäger

- 1 tsk citronsaft
- 1 tsk torkad oregano
- 1 tsk torkad timjan
- ¾ tesked kosher salt
- ¼ kopp basilika, skuren i band

Vägbeskrivning:

Att göra Tempeh

Lägg tempen i en medelstor kastrull. Fyll tillräckligt med vatten för att täcka det med 1 till 2 tum. Koka upp på medelhög värme, täck över och sänk värmen till en sjud. Koka i 10 till 15 minuter. Ta bort tempen, torka, svalna och skär i 1-tums kuber.

Blanda vitt vin, olivolja, citronsaft, citronskal, salt och svartpeppar. Tillsätt tempen, täck skålen, ställ i kylen i 4 timmar eller över natten. Värm ugnen till 375°F. Lägg den marinerade tempen och marinaden i en ugnsform och koka i 15 minuter.

Att göra tomater och vitlökssås

Koka olivoljan i en stor stekpanna på medelvärme. Tillsätt löken och fräs tills den är genomskinlig, 3 till 5 minuter. Blanda i vitlöken och fräs i 30 sekunder. Tillsätt krossade tomater, bifftomat, lagerblad, vinäger, citronsaft, oregano, timjan och salt. Blanda väl. Sjud i 15 minuter.

Tillsätt den bakade tempen till tomatblandningen och blanda försiktigt ihop. Garnera med basilikan.

ERSÄTTNINGSTIPS: Om du har slut på tempeh eller helt enkelt vill påskynda tillagningsprocessen, kan du byta ut en 14,5-ounce burk vita bönor mot tempeh. Skölj bönorna och lägg dem i såsen med de krossade tomaterna. Det blir fortfarande en fantastisk vegansk förrätt på halva tiden!

Näring (för 100g): 330 kalorier 20 g fett 4 g kolhydrater 18 g protein 693 mg natrium

Rostade Portobellosvamp med grönkål och rödlök

Förberedelsetid: 30 minuter

Tillagningstid: 30 minuter

Portioner: 4

Svårighetsgrad: Svår

Ingredienser:

- ¼ kopp vitvinsvinäger
- 3 matskedar extra virgin olivolja, delad
- ½ tesked honung
- ¾ tesked koshersalt, delat
- ¼ tesked nymalen svartpeppar
- 4 stora portobellosvampar, stjälkarna borttagna
- 1 rödlök, finhackad
- 2 vitlöksklyftor, hackade
- 1 (8-ounce) gäng grönkål, skaftad och smått hackad
- ¼ tesked röd paprikaflingor
- ¼ kopp riven parmesanost eller romano

Vägbeskrivning:

Lägg bakplåtspapper eller folie i bakplåten. I en medelstor skål, vispa ihop vinäger, 1½ msk olivolja, honung, ¼ tesked salt och svartpeppar. Lägg svampen på plåten och häll marinaden över dem. Marinera i 15 till 30 minuter.

Värm under tiden ugnen till 400°F. Grädda svampen i 20 minuter, vänd på halvvägs. Värm de återstående 1½ msk olivolja i en stor stekpanna eller ugnssäker stekpanna på medelhög värme. Tillsätt löken och den återstående ½ teskeden salt och fräs tills den är gyllenbrun, 5 till 6 minuter. Blanda i vitlöken och fräs i 30 sekunder. Blanda i grönkålen och rödpepparflingorna och fräs tills grönkålen kokat ner, ca 5 minuter.

Ta ut svampen från ugnen och höj temperaturen för att steka. Häll försiktigt vätskan från bakplåten i pannan med grönkålsblandningen; blanda väl. Vänd på svampen så att stjälksidan är vänd uppåt. Häll lite av grönkålsblandningen ovanpå varje svamp. Strö 1 msk parmesanost ovanpå varje. Stek tills gyllenbrun.

Näring (för 100g): 200 kalorier 13g Fett 4g Kolhydrater 8g Protein

Balsamicomarinerad tofu med basilika och oregano

Förberedelsetid: 40 minuter

Tillagningstid: 30 minuter

Portioner: 4

Svårighetsgrad: Genomsnittlig

Ingredienser:

- ¼ kopp extra virgin olivolja
- ¼ kopp balsamvinäger
- 2 matskedar sojasås med låg natriumhalt
- 3 vitlöksklyftor, rivna
- 2 tsk ren lönnsirap
- Skal av 1 citron
- 1 tsk torkad basilika
- 1 tsk torkad oregano
- ½ tsk torkad timjan
- ½ tesked torkad salvia
- ¼ tesked kosher salt
- ¼ tesked nymalen svartpeppar
- ¼ tesked röd paprikaflingor (valfritt)
- 1 (16-ounce) block extra fast tofu

Vägbeskrivning:

Blanda ihop olivolja, vinäger, sojasås, vitlök, lönnsirap, citronskal, basilika, oregano, timjan, salvia, salt, svartpeppar och rödpepparflingor i en skål eller gallon med dragkedja. Tillsätt tofun och blanda försiktigt. Ställ in i kylen och marinera i 30 minuter, eller upp till över natten om du vill.

Förbered ugnen på 425°F. Lägg bakplåtspapper eller folie i bakplåten. Ordna den marinerade tofun i ett enda lager på den förberedda bakplåten. Grädda i 20 till 30 minuter, vänd på halvvägs tills det är lite knaprigt.

Näring (för 100g): 225 kalorier 16g fett 2g kolhydrater 13g protein 493mg natrium

Ricotta, basilika och pistagefylld zucchini

Förberedelsetid: 15 minuter

Tillagningstid: 25 minuter

Portioner: 4

Svårighetsgrad: Genomsnittlig

Ingredienser:

- 2 medelstora zucchinis, halverade på längden
- 1 msk extra virgin olivolja
- 1 lök, tärnad
- 1 tsk kosher salt
- 2 vitlöksklyftor, hackade
- ¾ kopp ricottaost
- ¼ kopp osaltade pistagenötter, skalade och hackade
- ¼ kopp färsk basilika, hackad
- 1 stort ägg, uppvispat
- ¼ tesked nymalen svartpeppar

Vägbeskrivning:

Förbered ugnen till 425°F. Lägg bakplåtspapper eller folie i bakplåten. Skopa ut fröna/köttet från zucchinin och lämna kvar ¼-tums kött runt kanterna. Placera fruktköttet på en skärbräda och hacka av fruktköttet.

Koka olivoljan i en stekpanna på medelvärme. Tillsätt löken, fruktköttet och saltet och fräs i cirka 5 minuter. Tillsätt vitlöken och fräs i 30 sekunder. Blanda ricottaost, pistagenötter, basilika, ägg och svartpeppar. Tillsätt lökblandningen och blanda väl.

Lägg de 4 zucchinihalvorna på den förberedda bakplåten. Fördela zucchinihalvorna med ricottablandningen. Grädda tills de är gyllenbruna.

Näring (för 100g): 200 kalorier 12g fett 3g kolhydrater 11g protein 836mg natrium

Farro med rostade tomater och champinjoner

Förberedelsetid: 20 minuter
Tillagningstid: 1 timme
Portioner: 4
Svårighetsgrad: Svår

Ingredienser:

- <u>För tomaterna</u>
- 2 pints körsbärstomater
- 1 tsk extra virgin olivolja
- ¼ tesked kosher salt
- <u>För Farro</u>
- 3 till 4 koppar vatten
- ½ kopp farro
- ¼ tesked kosher salt
- <u>För svamparna</u>
- 2 matskedar extra virgin olivolja
- 1 lök, finhackad
- ½ tsk kosher salt
- ¼ tesked nymalen svartpeppar
- 10 uns baby bell svamp, stjälkade och skivade tunt
- ½ kopp grönsaksbuljong utan salttillsats

- 1 (15-ounce) burk cannellinibönor med låg natriumhalt, avrunna och sköljda
- 1 dl babyspenat
- 2 msk färsk basilika, skuren i band
- ¼ kopp pinjenötter, rostade
- Lagrad balsamvinäger (valfritt)

Vägbeskrivning:

Att göra tomaterna

Värm ugnen till 400°F. Lägg bakplåtspapper eller folie i bakplåten. Blanda tomater, olivolja och salt på en plåt och rosta i 30 minuter.

Att göra Farro

Koka upp vattnet, farro och salt i en medelstor kastrull eller gryta på hög värme. Låt puttra och koka i 30 minuter, eller tills farro är al dente. Häll av och ställ åt sidan.

Att göra svampen

Koka olivoljan i en stor stekpanna eller stekpanna på medelhög värme. Tillsätt lök, salt och svartpeppar och fräs tills den är gyllenbrun och börjar karamelliseras, cirka 15 minuter. Rör ner svampen, öka värmen till medel och fräs tills vätskan har avdunstat och svampen brun, cirka 10 minuter. Rör ner grönsaksbuljongen och avglasera pannan, skrapa upp eventuella bruna bitar och reducera vätskan i cirka 5 minuter. Tillsätt bönorna och värm igenom, ca 3 minuter.

Ta bort och rör ner spenat, basilika, pinjenötter, rostade tomater och farro. Pensla med balsamvinäger om så önskas.

Näring (för 100g): 375 kalorier 15 g fett 10 g kolhydrater 14 g protein 769 mg natrium

Bakad orzo med aubergine, mangold och mozzarella

Förberedelsetid: 20 minuter

Tillagningstid: 60 minuter

Portioner: 4

Svårighetsgrad: Genomsnittlig

Ingredienser:

- 2 matskedar extra virgin olivolja
- 1 stor (1 pund) aubergine, tärnad i små
- 2 morötter, skalade och tärnade små
- 2 stjälkar selleri, tärnade små
- 1 lök, tärnad i små
- ½ tsk kosher salt
- 3 vitlöksklyftor, hackade
- ¼ tesked nymalen svartpeppar
- 1 kopp fullkornsorzo
- 1 tsk tomatpuré utan salttillsats
- 1½ dl grönsaksbuljong utan salttillsats
- 1 dl mangold, stjällad och smått hackad
- 2 msk färsk oregano, hackad
- Skal av 1 citron
- 4 uns mozzarellaost, i små tärningar
- ¼ kopp riven parmesanost
- 2 tomater, skivade ½ tum tjocka

Vägbeskrivning:

Värm ugnen till 400°F. Koka olivoljan i en stor ugnssäker stekpanna på medelvärme. Tillsätt aubergine, morötter, selleri, lök och salt och fräs i cirka 10 minuter. Tillsätt vitlök och svartpeppar och fräs i cirka 30 sekunder. Tillsätt orzo och tomatpuré och fräs i 1 minut. Blanda i grönsaksbuljongen och avglasera pannan, skrapa upp de bruna bitarna. Tillsätt mangold, oregano och citronskal och rör tills mangolden vissnar.

Dra ut och lägg i mozzarellaosten. Jämna till toppen av orzoblandningen platt. Strö över parmesanosten ovanpå. Fördela tomaterna i ett enda lager ovanpå parmesanosten. Grädda i 45 minuter.

Näring (för 100g): 470 kalorier 17g Fett 7g Kolhydrater 18g Protein 769mg Natrium

Kornrisotto med tomater

Förberedelsetid: 20 minuter

Tillagningstid: 45 minuter

Portioner: 4

Svårighetsgrad: Genomsnittlig

Ingredienser:

- 2 matskedar extra virgin olivolja
- 2 stjälkselleri, tärnade
- ½ kopp schalottenlök, tärnad
- 4 vitlöksklyftor, hackade
- 3 dl grönsaksfond utan salttillsats
- 1 burk (14,5 ounce) tärnade tomater utan salttillsats
- 1 (14,5 ounce) burk krossade tomater utan salttillsats
- 1 kopp pärlkorn
- Skal av 1 citron
- 1 tsk kosher salt
- ½ tsk rökt paprika
- ¼ tesked röd paprikaflingor
- ¼ tesked nymalen svartpeppar
- 4 timjankvistar
- 1 torkat lagerblad
- 2 dl babyspenat
- ½ kopp smulad fetaost
- 1 msk färsk oregano, hackad

- 1 msk fänkålsfrön, rostade (valfritt)

Vägbeskrivning:

Koka olivoljan i en stor kastrull på medelvärme. Tillsätt selleri och schalottenlök och fräs, cirka 4 till 5 minuter. Tillsätt vitlöken och fräs i 30 sekunder. Tillsätt grönsaksfonden, tärnade tomater, krossade tomater, korn, citronskal, salt, paprika, rödpepparflingor, svartpeppar, timjan och lagerbladet och blanda väl. Låt det koka upp, sänk sedan till lågt och låt sjuda. Koka, rör om då och då, i 40 minuter.

Ta bort lagerblad och timjankvistar. Rör ner spenaten. I en liten skål, kombinera feta, oregano och fänkålsfrön. Servera kornrisotton i skålar toppad med fetablandningen.

Näring (för 100g): 375 kalorier 12g Fett 13g Kolhydrater 11g Protein 799mg Natrium

Kikärter och grönkål med kryddig pomodorosås

Förberedelsetid: 10 minuter
Tillagningstid: 35 minuter
Portioner: 4
Svårighetsgrad: Lätt

Ingredienser:

- 2 matskedar extra virgin olivolja
- 4 vitlöksklyftor, skivade
- 1 tsk röd paprikaflingor
- 1 (28-ounce) burk utan salttillsatta krossade tomater
- 1 tsk kosher salt
- ½ tesked honung
- 1 knippe grönkål, stjällad och hackad
- 2 (15 uns) burkar kikärter med låg natriumhalt, avrunna och sköljda
- ¼ kopp färsk basilika, hackad
- ¼ kopp riven pecorino Romano ost

Vägbeskrivning:

Koka olivoljan i en stekpanna på medelvärme. Rör ner vitlök och röd paprikaflingor och fräs tills vitlöken är ljust gyllenbrun, cirka 2 minuter. Tillsätt tomater, salt och honung och blanda väl. Sänk värmen till låg och låt sjuda i 20 minuter.

Tillsätt grönkålen och blanda väl. Koka ca 5 minuter. Tillsätt kikärtorna och låt sjuda ca 5 minuter. Ta av från värmen och rör ner basilikan. Servera toppad med pecorinoost.

Näring (för 100g): 420 kalorier 13g Fett 12g Kolhydrater 20g Protein 882mg Natrium

Rostad fetaost med grönkål och citronyoghurt

Förberedelsetid: 15 minuter
Tillagningstid: 20 minuter
Portioner: 4
Svårighetsgrad: Genomsnittlig

Ingredienser:

- 1 msk extra virgin olivolja
- 1 lök, finhackad
- ¼ tesked kosher salt
- 1 tsk mald gurkmeja
- ½ tsk malen spiskummin
- ½ tsk mald koriander
- ¼ tesked nymalen svartpeppar
- 1 knippe grönkål, stjällad och hackad
- 7-ounce block fetaost, skuren i ¼-tums tjocka skivor
- ½ kopp vanlig grekisk yoghurt
- 1 msk citronsaft

Vägbeskrivning:

Värm ugnen till 400°F. Stek olivoljan i en stor ugnssäker stekpanna eller stekpanna på medelvärme. Tillsätt löken och saltet; sautera tills de är lätt gyllenbruna, ca 5 minuter. Tillsätt gurkmeja, spiskummin, koriander och svartpeppar; fräs i 30 sekunder.

Tillsätt grönkålen och fräs ca 2 minuter. Tillsätt ½ dl vatten och fortsätt att koka ner grönkålen, ca 3 minuter.

Ta av från värmen och lägg fetaostskivorna ovanpå grönkålsblandningen. Sätt in i ugnen och grädda tills fetaosten mjuknar, 10 till 12 minuter. I en liten skål, kombinera yoghurt och citronsaft. Servera grönkålen och fetaosten toppad med citronyoghurten.

Näring (för 100g): 210 kalorier 14 g fett 2 g kolhydrater 11 g protein 836 mg natrium

Rostad aubergine och kikärter med tomatsås

Förberedelsetid: 15 minuter

Tillagningstid: 60 minuter

Portioner: 4

Svårighetsgrad: Svår

Ingredienser:

- Olivolja matlagning spray
- 1 stor (ca 1 pund) aubergine, skivad i ¼-tums tjocka rundlar
- 1 tsk koshersalt, uppdelat
- 1 msk extra virgin olivolja
- 3 vitlöksklyftor, hackade
- 1 (28-ounce) burk utan salttillsatta krossade tomater
- ½ tesked honung
- ¼ tesked nymalen svartpeppar
- 2 msk färsk basilika, hackad
- 1 (15 ounce) burk utan tillsatt salt eller låg natriumhalt kikärter, avrunna och sköljda
- ¾ kopp smulad fetaost
- 1 msk färsk oregano, hackad

Vägbeskrivning:

Värm ugnen till 425°F. Smörj och klä två bakplåtar med folie och spraya lätt med matlagningsspray med olivolja. Fördela auberginen i ett enda lager och strö över ½ tesked salt. Grädda i 20 minuter, vänd en gång halvvägs tills de är lätt gyllenbruna.

Värm under tiden olivoljan i en stor kastrull på medelvärme. Blanda i vitlöken och fräs i 30 sekunder. Tillsätt krossade tomater, honung, resterande ½ tesked salt och svartpeppar. Sjud ca 20 minuter tills såsen minskar lite och tjocknar. Rör ner basilikan.

När du har tagit bort auberginen från ugnen, sänk ugnstemperaturen till 375°F. I en stor rektangulär eller oval ugnsform, skeda i kikärtorna och 1 dl sås. Lägg aubergineskivorna ovanpå, överlappa vid behov för att täcka kikärtorna. Lägg resten av såsen ovanpå auberginen. Strö fetaost och oregano ovanpå.

Slå in ugnsformen med folie och grädda i 15 minuter. Dra ut folien och grädda ytterligare 15 minuter.

Näring (för 100g): 320 kalorier 11g fett 12g kolhydrater 14g protein 773mg natrium

Bakade Falafel Sliders

Förberedelsetid: 10 minuter

Tillagningstid: 30 minuter

Portioner: 6

Svårighetsgrad: Genomsnittlig

Ingredienser:

- Olivolja matlagning spray
- 1 (15-ounce) burk kikärter med låg natriumhalt, avrunna och sköljda
- 1 lök, grovt hackad
- 2 vitlöksklyftor, skalade
- 2 msk färsk persilja, hackad
- 2 matskedar fullkornsmjöl
- ½ tsk mald koriander
- ½ tsk malen spiskummin
- ½ tsk bakpulver
- ½ tsk kosher salt
- ¼ tesked nymalen svartpeppar

Vägbeskrivning:

Värm ugnen till 350°F. Lägg bakplåtspapper eller folie och spraya lätt med matlagningsspray med olivolja i bakplåten.

I en matberedare, blanda i kikärter, lök, vitlök, persilja, mjöl, koriander, spiskummin, bakpulver, salt och svartpeppar. Mixa tills det är slätt.

Gör 6 glidbiffar, var och en med en hög ¼ kopp blandning, och arrangera på den förberedda bakplåten. Grädda i 30 minuter. Tjäna.

Näring (för 100g): 90 kalorier 1g fett 3g kolhydrater 4g protein 803mg natrium

Portobello Caprese

Förberedelsetid: 15 minuter

Tillagningstid: 30 minuter

Portioner: 2

Svårighetsgrad: Svår

Ingredienser:

- 1 msk olivolja
- 1 kopp körsbärstomater
- Salt och svartpeppar, efter smak
- 4 stora färska basilikablad, tunt skivade, delade
- 3 medelstora vitlöksklyftor, hackade
- 2 stora portobellosvampar, stjälkarna borttagna
- 4 stycken mini mozzarellabollar
- 1 msk parmesanost, riven

Vägbeskrivning:

Förbered ugnen på 350°F (180ºC). Smörj en ugnsform med olivolja. Ringla 1 matsked olivolja i en nonstick-panna och värm över medelhög värme. Tillsätt tomaterna i stekpannan och strö över salt och svartpeppar för att smaka av. Stick några hål på tomaterna för juice under tillagningen. Lägg på locket och koka tomaterna i 10 minuter eller tills de är mjuka.

Spara 2 teskedar basilika och tillsätt resterande basilika och vitlök i stekpannan. Krossa tomaterna med en spatel och koka sedan i en halv minut. Rör hela tiden under tillagningen. Avsätta. Ordna svampen i bakformen med locket nedåt och strö över salt och svartpeppar efter smak.

Sked tomatblandningen och mozzarellabollarna på svampens gäl, strö sedan över parmesanost för att täcka ordentligt. Grädda tills svampen är gaffelmör och ostarna fått färg. Ta ut den fyllda svampen ur ugnen och servera med basilika ovanpå.

Näring (för 100g): 285 kalorier 21,8 g Fett 2,1 g Kolhydrater 14,3 g Protein 823 mg Natrium

Champinjon- och ostfyllda tomater

Förberedelsetid: 15 minuter

Tillagningstid: 20 minuter

Portioner: 4

Svårighetsgrad: Genomsnittlig

Ingredienser:

- 4 stora mogna tomater
- 1 msk olivolja
- ½ pund (454 g) vita eller cremini svampar, skivade
- 1 msk färsk basilika, hackad
- ½ kopp gul lök, tärnad
- 1 msk färsk oregano, hackad
- 2 vitlöksklyftor, hackade
- ½ tsk salt
- ¼ tesked nymalen svartpeppar
- 1 dl delvis skummad mozzarellaost, strimlad
- 1 msk parmesanost, riven

Vägbeskrivning:

Förbered ugnen till 375°F (190ºC). Skär en ½-tums skiva från toppen av varje tomat. Skopa fruktköttet i en skål och lämna ½-tums tomatskal. Lägg tomaterna på en bakplåt med aluminiumfolie. Värm olivoljan i en nonstick-panna på medelvärme.

Tillsätt svamp, basilika, lök, oregano, vitlök, salt och svartpeppar i stekpannan och fräs i 5 minuter.

Häll blandningen i tomatmassaskålen, tillsätt sedan mozzarellaosten och rör om så att den blandas väl. Häll blandningen i varje tomatskal och toppa sedan med ett lager parmesan. Grädda i den förvärmda ugnen i 15 minuter eller tills osten är bubbel och tomaterna är mjuka. Ta ut de fyllda tomaterna ur ugnen och servera varma.

Näring (för 100g): 254 kalorier 14,7g Fett 5,2g Kolhydrater 17,5g Protein 783mg Natrium

Tabbouleh

Förberedelsetid: 15 minuter

Tillagningstid: 5 minuter

Portioner: 6

Svårighetsgrad: Genomsnittlig

Ingredienser:

- 4 matskedar olivolja, delad
- 4 dl risad blomkål
- 3 vitlöksklyftor, finhackade
- Salt och svartpeppar, efter smak
- ½ stor gurka, skalad, kärnad och hackad
- ½ kopp italiensk persilja, hackad
- Saften av 1 citron
- 2 msk finhackad rödlök
- ½ dl myntablad, hackade
- ½ kopp urkärnade Kalamata-oliver, hackade
- 1 dl körsbärstomater, i fjärdedelar
- 2 dl baby ruccola eller spenatblad
- 2 medelstora avokado, skalade, urkärnade och tärnade

Vägbeskrivning:

Värm 2 matskedar olivolja i en nonstick-panna på medelhög värme. Tillsätt risblomkål, vitlök, salt och svartpeppar i stekpannan och fräs i 3 minuter eller tills det doftar. Överför dem till en stor skål.

Tillsätt gurka, persilja, citronsaft, rödlök, mynta, oliver och återstående olivolja i skålen. Rör om för att blanda väl. Förvara skålen i kylen i minst 30 minuter.

Ta bort skålen från kylen. Tillsätt körsbärstomater, ruccola, avokadon i skålen. Krydda väl och rör om så att det blir bra. Servera kyld.

Näring (för 100g): 198 kalorier 17,5 g Fett 6,2 g Kolhydrater 4,2 g Protein 773 mg Natrium

Kryddig Broccoli Rabe Och Kronärtskocka Hjärtan

Förberedelsetid: 5 minuter

Tillagningstid: 15 minuter

Portioner: 4

Svårighetsgrad: Genomsnittlig

Ingredienser:

- 3 msk olivolja, delad
- 2 pund (907 g) färsk broccoli rabe
- 3 vitlöksklyftor, finhackade
- 1 tsk röd paprikaflingor
- 1 tsk salt, plus mer efter smak
- 13,5 ounces (383 g) kronärtskockshjärtan
- 1 matsked vatten
- 2 msk rödvinsvinäger
- Nymalen svartpeppar, efter smak

Vägbeskrivning:

Värm 2 matskedar olivolja i en nonstick-panna över medelhög stekpanna. Tillsätt broccolin, vitlöken, rödpepparflingorna och saltet i stekpannan och fräs i 5 minuter eller tills broccolin är mjuk.

Lägg kronärtskockshjärtan i stekpannan och fräs i ytterligare 2 minuter eller tills de är mjuka. Tillsätt vatten i grytan och sänk värmen till låg. Lägg på locket och låt sjuda i 5 minuter. Blanda under tiden ättika och 1 msk olivolja i en skål.

Ringla den sjudade broccolin och kronärtskockorna med oljad vinäger och strö över salt och svartpeppar. Blanda ihop väl innan servering.

Näring (för 100g): 272 kalorier 21,5 g Fett 9,8 g Kolhydrater 11,2 g Protein 736 mg Natrium

Shakshuka

Förberedelsetid: 10 minuter

Tillagningstid: 25 minuter

Portioner: 4

Svårighetsgrad: Svår

Ingredienser:

- 5 matskedar olivolja, delad
- 1 röd paprika, fint tärnad
- ½ liten gul lök, fint tärnad
- 14 uns (397 g) krossade tomater, med juice
- 6 uns (170 g) fryst spenat, tinad och dränerad på överflödig vätska
- 1 tsk rökt paprika
- 2 vitlöksklyftor, finhackade
- 2 tsk röd paprikaflingor
- 1 msk kapris, grovt hackad
- 1 matsked vatten
- 6 stora ägg
- ¼ tesked nymalen svartpeppar
- ¾ kopp fetaost eller getost, smulad
- ¼ kopp färsk bladpersilja eller koriander, hackad

Vägbeskrivning:

Förbered ugnen till 300ºF (150ºC). Värm 2 matskedar olivolja i en ugnssäker stekpanna på medelhög värme. Fräs paprikan och löken i stekpannan tills löken är genomskinlig och paprikan mjuk.

Tillsätt tomater och juice, spenat, paprika, vitlök, rödpepparflingor, kapris, vatten och 2 matskedar olivolja i stekpannan. Rör om väl och låt koka upp. Sänk värmen till låg, lägg sedan på locket och låt sjuda i 5 minuter.

Knäck äggen över såsen, håll lite mellanrum mellan varje ägg, låt ägget vara intakt och strö över nymalen svartpeppar. Koka tills äggen blir lagom klara.

Strö osten över äggen och såsen och grädda i den förvärmda ugnen i 5 minuter eller tills osten är skummande och gyllenbrun. Ringla över resterande 1 msk olivolja och fördela persiljan ovanpå innan servering varm.

Näring (för 100g): 335 kalorier 26,5 g Fett 5 g Kolhydrater 16,8 g Protein 736 mg Natrium

Spanakopita

Förberedelsetid: 15 minuter

Tillagningstid: 50 minuter

Portioner: 6

Svårighetsgrad: Svår

Ingredienser:

- 6 matskedar olivolja, delad
- 1 liten gul lök, tärnad
- 4 koppar fryst hackad spenat
- 4 vitlöksklyftor, hackade
- ½ tsk salt
- ½ tsk nymalen svartpeppar
- 4 stora ägg, vispade
- 1 kopp ricottaost
- ¾ kopp fetaost, smulad
- ¼ kopp pinjenötter

Vägbeskrivning:

Smörj ugnsformen med 2 msk olivolja. Organisera ugnen på 375 grader F. Värm 2 matskedar olivolja i en nonstick-panna över medelhög värme. Blanda i löken i stekpannan och fräs i 6 minuter eller tills den är genomskinlig och mjuk.

Tillsätt spenat, vitlök, salt och svartpeppar i stekpannan och fräs i 5 minuter till. Lägg dem i en skål och ställ åt sidan. Kombinera de vispade äggen och ricottaosten i en separat skål och häll dem sedan i skålen med spenatblandningen. Rör om för att blanda väl.

Fyll blandningen i ugnsformen och luta formen så att blandningen täcker botten jämnt. Grädda tills det börjar stelna. Ta ut ugnsformen ur ugnen och fördela fetaosten och pinjenötterna ovanpå och blanda sedan med de återstående 2 msk olivolja.

Sätt tillbaka ugnsformen i ugnen och grädda i ytterligare 15 minuter eller tills toppen är gyllenbrun. Ta ut formen från ugnen. Låt spanakopitan svalna några minuter och skiva till servering.

Näring (för 100g):340 kalorier 27,3 g Fett 10,1 g Kolhydrater 18,2 g Protein 781 mg Natrium

Tagine

Förberedelsetid: 20 minuter

Tillagningstid: 60 minuter

Portioner: 6

Svårighetsgrad: Genomsnittlig

Ingredienser:

- ½ kopp olivolja
- 6 stjälkar selleri, skivade i ¼-tums halvmånar
- 2 medelstora gula lökar, skivade
- 1 tsk malen spiskummin
- ½ tsk mald kanel
- 1 tsk ingefärapulver
- 6 vitlöksklyftor, hackade
- ½ tsk paprika
- 1 tsk salt
- ¼ tesked nymalen svartpeppar
- 2 dl grönsaksbuljong med låg natriumhalt
- 2 medelstora zucchinis, skurna i ½ tum tjocka halvcirklar
- 2 dl blomkål, skuren i buketter
- 1 medelstor aubergine, skuren i 1-tums kuber
- 1 kopp gröna oliver, halverade och urkärnade
- 13,5 ounces (383 g) kronärtskockshjärtan, avrunna och i fjärdedelar
- ½ kopp hackade färska korianderblad, till garnering

- ½ kopp vanlig grekisk yoghurt, till garnering
- ½ kopp hackad färsk bladpersilja, till garnering

Vägbeskrivning:

Koka olivoljan i en kastrull på medelhög värme. Tillsätt selleri och lök i grytan och fräs i 6 minuter. Lägg spiskummin, kanel, ingefära, vitlök, paprika, salt och svartpeppar i grytan och fräs i ytterligare 2 minuter tills de är aromatiska.

Häll grönsaksfonden i grytan och låt koka upp. Sänk värmen till låg och tillsätt zucchini, blomkål och aubergine till banken. Täck och låt sjuda i 30 minuter eller tills grönsakerna är mjuka. Tillsätt sedan oliverna och kronärtskockshjärtan i poolen och låt puttra i ytterligare 15 minuter. Fyll dem i en stor serveringsskål eller en tagine och servera sedan med koriander, grekisk yoghurt och persilja på toppen.

Näring (för 100g): 312 kalorier 21,2g Fett 9,2g Kolhydrater 6,1g Protein 813mg Natrium

Citrus pistagenötter och sparris

Förberedelsetid: 10 minuter

Tillagningstid: 10 minuter

Portioner: 4

Svårighetsgrad: Svår

Ingredienser:

- Skal och saft av 2 clementiner eller 1 apelsin
- Skal och saft av 1 citron
- 1 msk rödvinsvinäger
- 3 matskedar extra virgin olivolja, delad
- 1 tsk salt, delat
- ¼ tesked nymalen svartpeppar
- ½ kopp pistagenötter, skalade
- 1 pund (454 g) färsk sparris, putsad
- 1 matsked vatten

Vägbeskrivning:

Kombinera skalet och saften av clementin och citron, vinäger, 2 matskedar olivolja, ½ tsk salt och svartpeppar. Rör om för att blanda väl. Avsätta.

Rosta pistagenötterna i en nonstick-panna på medelhög värme i 2 minuter eller tills de är gyllenbruna. Överför de rostade pistagenötterna till en ren arbetsyta och hacka sedan grovt. Blanda pistagenötterna med citrusblandningen. Avsätta.

Värm den återstående olivoljan i nonstick-panna på medelhög värme. Tillsätt sparrisen i stekpannan och fräs i 2 minuter, krydda sedan med resterande salt. Tillsätt vattnet i stekpannan. Sätt ner värmen till låg och lägg på locket. Sjud i 4 minuter tills sparrisen är mjuk.

Ta bort sparrisen från stekpannan till en stor form. Häll citrus- och pistagenötterblandningen över sparrisen. Rör om ordentligt innan servering.

Näring (för 100g): 211 kalorier 17,5 g Fett 3,8 g Kolhydrater 5,9 g Protein 901 mg Natrium

Tomat och persilja fylld aubergine

Förberedelsetid: 15 minuter

Tillagningstid: 2 timmar och 10 minuter

Portioner: 6

Svårighetsgrad: Genomsnittlig

Ingredienser:

- ¼ kopp extra virgin olivolja
- 3 små auberginer, halverade på längden
- 1 tsk havssalt
- ½ tsk nymalen svartpeppar
- 1 stor gul lök, finhackad
- 4 vitlöksklyftor, hackade
- 15 uns (425 g) tärnade tomater, med juicen
- ¼ kopp färsk bladpersilja, finhackad

Vägbeskrivning:

Sätt insatsen av slow cookern med 2 matskedar olivolja. Skär några skåror på den skurna sidan av varje auberginehalva, håll ett ¼-tums mellanrum mellan varje skåra. Lägg auberginehalvorna i långsamkokaren med skinnsidan nedåt. Strö över salt och svartpeppar.

Värm upp den återstående oliveoljan i en nonstick-panna på medelhög värme. Tillsätt löken och vitlöken i stekpannan och fräs i 3 minuter eller tills löken är genomskinlig.

Tillsätt persiljan och tomaterna med saften i stekpannan och strö över salt och svartpeppar. Fräs i 5 minuter till eller tills de är mjuka. Dela och häll blandningen i stekpannan på auberginehalvorna.

Sätt på locket till slow cookern och koka på HIGH i 2 timmar tills auberginen är mjuk. Överför auberginen till en tallrik och låt svalna i några minuter innan servering.

Näring (för 100g):455 kalorier 13g Fett 14g Kolhydrater 14g Protein 719mg Natrium

Ratatouille

Förberedelsetid: 15 minuter

Tillagningstid: 7 timmar

Portioner: 6

Svårighetsgrad: Genomsnittlig

Ingredienser:

- 3 matskedar extra virgin olivolja
- 1 stor aubergine, oskalad, skivad
- 2 stora lökar, skivade
- 4 små zucchinis, skivade
- 2 gröna paprikor
- 6 stora tomater, skurna i ½-tums klyftor
- 2 msk färsk plattbladig persilja, hackad
- 1 tsk torkad basilika
- 2 vitlöksklyftor, hackade
- 2 tsk havssalt
- ¼ tesked nymalen svartpeppar

Riktning:

Fyll insatsen på slow cookern med 2 msk olivolja. Ordna grönsaksskivorna, remsorna och klyftorna växelvis i insatsen på långsamkokaren. Fördela persiljan ovanpå grönsakerna och krydda med basilika, vitlök, salt och svartpeppar. Ringla över den återstående olivoljan. Stäng och koka på LOW i 7 timmar tills grönsakerna är mjuka. Lägg över grönsakerna på en tallrik och servera varma.

Näring (för 100g): 265 kalorier 1,7 g fett 13,7 g kolhydrater 8,3 g protein 800 mg natrium

Gemista

Förberedelsetid: 15 minuter

Tillagningstid: 4 timmar

Portioner: 4

Svårighetsgrad: Genomsnittlig

Ingredienser:

- 2 matskedar extra virgin olivolja
- 4 stora paprika, valfri färg
- ½ kopp okokt couscous
- 1 tsk oregano
- 1 vitlöksklyfta, finhackad
- 1 dl smulad fetaost
- 1 (15-ounce / 425-g) burk cannellinibönor, sköljda och avrunna
- Salta och peppra, efter smak
- 1 citronklyfta
- 4 salladslökar, vita och gröna delar separerade, tunt skivade

Riktning:

Skär en ½-tums skiva under stjälken från toppen av paprikan. Kassera bara stjälken och hacka den skivade övre delen under stjälken och spara i en skål. Hålla paprikan med en sked. Smörj långsamkokaren med olja.

Tillsätt de återstående ingredienserna, förutom de gröna delarna av salladslöken och citronklyftorna, i skålen med hackad paprika.

Rör om för att blanda väl. Häll blandningen i den ihåliga paprikan och arrangera den fyllda paprikan i långsamkokaren och ringla sedan över mer olivolja.

Sätt på locket till slow cookern och koka på HIGH i 4 timmar eller tills paprikan är mjuk.

Ta bort paprikan från långsamkokaren och servera på en tallrik. Strö över gröna delar av salladslöken, och pressa citronklyftorna ovanpå innan servering.

Näring (för 100g): 246 kalorier 9 g fett 6,5 g kolhydrater 11,1 g protein 698 mg natrium

Fyllda kålrullar

Förberedelsetid: 15 minuter

Tillagningstid: 2 timmar

Portioner: 4

Svårighetsgrad: Svår

Ingredienser:

- 4 matskedar olivolja, delad
- 1 stort huvud grönkål, urkärnad
- 1 stor gul lök, hackad
- 3 uns (85 g) fetaost, smulad
- ½ dl torkade vinbär
- 3 koppar kokt pärlkorn
- 2 msk färsk plattbladig persilja, hackad
- 2 msk pinjenötter, rostade
- ½ tsk havssalt
- ½ tsk svartpeppar
- 15 uns (425 g) krossade tomater, med juicen
- 1 msk äppelcidervinäger
- ½ dl äppeljuice

Vägbeskrivning:

Borsta av insatsen på slow cookern med 2 msk olivolja. Blanchera kålen i en kastrull med vatten i 8 minuter. Ta den från vattnet och ställ åt sidan, separera sedan 16 blad från kålen. Avsätta.

Ringla över den återstående olivoljan i en nonstick-panna och värm på medelvärme. Rör ner löken i stekpannan och stek tills löken och paprikan är mjuka. Överför löken till en skål.

Tillsätt fetaost, vinbär, korn, persilja och pinjenötter i skålen med kokt lök och strö sedan över ¼ tsk salt och ¼ tsk svartpeppar.

Lägg kålbladen på en ren arbetsyta. Skopa 1/3 kopp av blandningen på mitten av varje tallrik, vik sedan kanten på blandningen och rulla ihop den. Lägg kålrullarna i långsamkokaren, med skarven nedåt.

Tillsätt de återstående ingredienserna i en separat skål och häll sedan blandningen över kålrullarna. Sätt på locket till slow cookern och koka på HIGH i 2 timmar. Ta bort kålrullarna från långsamkokaren och servera varma.

Näring (för 100g): 383 Kalorier 14,7g Fett 12,9g Kolhydrater 10,7g Protein 838mg Natrium

Brysselkål med balsamicoglasyr

Förberedelsetid: 15 minuter

Tillagningstid: 2 timmar

Portioner: 6

Svårighetsgrad: Genomsnittlig

Ingredienser:

- Balsamico glasyr:
- 1 dl balsamvinäger
- ¼ kopp honung
- 2 matskedar extra virgin olivolja
- 2 pund (907 g) brysselkål, putsad och halverad
- 2 koppar grönsakssoppa med låg natriumhalt
- 1 tsk havssalt
- Nymalen svartpeppar, efter smak
- ¼ kopp parmesanost, riven
- ¼ kopp pinjenötter

Vägbeskrivning:

Gör balsamicoglasyren: Blanda balsamvinäger och honung i en kastrull. Rör om för att blanda väl. Koka upp på medelhög värme. Sänk värmen till låg och låt puttra i 20 minuter eller tills glasyren minskar till hälften och har en tjock konsistens. Lägg lite olivolja inuti insatsen på långsamkokaren.

Lägg brysselkålen, grönsakssoppan och ½ tesked salt i den långsamma kokaren, rör om för att kombinera. Förslut locket till slow cookern och koka på HIGH i 2 timmar tills brysselkålen är mjuk.

Lägg brysselkålen på en tallrik och strö över resterande salt och svartpeppar för att krydda. Pensla balsamicoglasyren över brysselkålen och servera sedan med parmesan och pinjenötter.

Näring (för 100g): 270 kalorier 10,6g Fett 6,9g Kolhydrater 8,7g Protein 693mg Natrium

Spenatsallad med citrusvinägrett

Förberedelsetid: 10 minuter

Tillagningstid: 0 minuter

Portioner: 4

Svårighetsgrad: Lätt

Ingredienser:

- Citrusvinägrett:
- ¼ kopp extra virgin olivolja
- 3 msk balsamvinäger
- ½ tsk färskt citronskal
- ½ tsk salt
- Sallad:
- 1 pund (454 g) babyspenat, tvättad, stjälkarna borttagna
- 1 stor mogen tomat, skuren i ¼-tums bitar
- 1 medelstor rödlök, tunt skivad

Vägbeskrivning:

Gör citrusvinägretten: Rör ihop olivolja, balsamvinäger, citronskal och salt i en skål tills det är väl blandat.

Gör salladen: Lägg babyspenaten, tomaten och löken i en separat salladsskål. Fyll citrusvinägretten över salladen och rör försiktigt tills grönsakerna är ordentligt täckta.

Näring (för 100g): 173 Kalorier 14,2g Fett 4,2g Kolhydrater 4,1g Protein 699mg Natrium

Enkel selleri och apelsinsallad

Förberedelsetid: 15 minuter

Tillagningstid: 0 minuter

Portioner: 6

Svårighetsgrad: Lätt

Ingredienser:

- Sallad:
- 3 selleri stjälkar, inklusive blad, skivade diagonalt i ½-tums skivor
- ½ kopp gröna oliver
- ¼ kopp skivad rödlök
- 2 stora skalade apelsiner, skurna i rundlar
- Klä på sig:
- 1 msk extra virgin olivolja
- 1 msk citron- eller apelsinjuice
- 1 msk olivlake
- ¼ tesked kosher eller havssalt
- ¼ tesked nymalen svartpeppar

Vägbeskrivning:

Gör salladen: Lägg selleristjälkarna, gröna oliver, lök och apelsiner i en grund skål. Blanda väl och ställ åt sidan.

Gör dressingen: Rör om olivolja, citronsaft, olivlake, salt och peppar väl.

Fyll dressingen i skålen med sallad och rör lätt tills den är ordentligt täckt.

Servera kyld eller i rumstemperatur.

Näring (för 100g): 24 kalorier 1,2g Fett 1,2g Kolhydrater 1,1g Protein 813mg Natrium

Friterade auberginerullar

Förberedelsetid: 20 minuter

Tillagningstid: 10 minuter

Portioner: 6

Svårighetsgrad: Genomsnittlig

Ingredienser:

- 2 stora auberginer
- 1 tsk salt
- 1 dl riven ricottaost
- 4 uns (113 g) getost, strimlad
- ¼ kopp finhackad färsk basilika
- ½ tsk nymalen svartpeppar
- Olivolja spray

Vägbeskrivning:

Lägg aubergineskivorna i ett durkslag och smaka av med salt. Ställ åt sidan i 15 till 20 minuter.

Blanda samman ricotta och getost, basilika och svartpeppar i en stor skål och rör om. Avsätta. Torka av aubergineskivorna med hushållspapper och dimma dem lätt med olivolja spray.

Värm upp stor stekpanna på medelvärme och spraya den lätt med olivolja spray. Lägg aubergineskivorna i stekpannan och stek på varje sida i 3 minuter tills de är gyllenbruna.

Ta av från värmen till en hushållspappersklädd plåt och vila i 5 minuter. Gör auberginerullarna: Lägg aubergineskivorna på en plan arbetsyta och toppa varje skiva med en matsked av den beredda ostblandningen. Rulla ihop dem och servera direkt.

Näring (för 100g): 254 kalorier 14,9 g Fett 7,1 g Kolhydrater 15,3 g Protein 612 mg Natrium

Skål med rostade grönsaker och brunt ris

Förberedelsetid: 15 minuter

Tillagningstid: 20 minuter

Portioner: 4

Svårighetsgrad: Genomsnittlig

Ingredienser:

- 2 dl blomkålsbuketter
- 2 dl broccolibuktor
- 1 (15-ounce / 425-g) burk kikärter
- 1 kopp morotsskivor (ca 1 tum tjocka)
- 2 till 3 matskedar extra virgin olivolja, uppdelad
- Salt och svartpeppar, efter smak
- Nonstick matlagningsspray
- 2 koppar kokt brunt ris
- 3 matskedar sesamfrön
- <u>Klä på sig:</u>
- 3 till 4 matskedar tahini
- 2 matskedar honung
- 1 citron, saftad
- 1 vitlöksklyfta, finhackad
- Salt och svartpeppar, efter smak

Vägbeskrivning:

Förbered ugnen till 400ºF (205ºC). Spraya två bakplåtar med nonstick-spray.

Bred ut blomkålen och broccolin på den första bakplåten och den andra med kikärtorna och morotsskivorna.

Ringla varje plåt med hälften av olivoljan och strö över salt och peppar. Kasta för att täcka väl.

Rosta kikärtorna och morotsskivorna i den förvärmda ugnen i 10 minuter, lämna morötterna mjuka men knapriga och blomkålen och broccolin i 20 minuter tills de är mjuka. Rör om dem en gång halvvägs genom tillagningstiden.

Gör under tiden dressingen: Vispa ihop tahini, honung, citronsaft, vitlök, salt och peppar i en liten skål.

Fördela det kokta bruna riset mellan fyra skålar. Toppa varje skål jämnt med rostade grönsaker och dressing. Strö sesamfröna ovanpå för garnering innan servering.

Näring (för 100g): 453 kalorier 17,8g Fett 11,2g Kolhydrater 12,1g Protein 793mg Natrium

Blomkålhash med morötter

Förberedelsetid: 10 minuter

Tillagningstid: 10 minuter

Portioner: 4

Svårighetsgrad: Lätt

Ingredienser:

- 3 matskedar extra virgin olivolja
- 1 stor lök, hackad
- 1 msk finhackad vitlök
- 2 dl tärnade morötter
- 4 dl blomkålsbuketter
- ½ tsk malen spiskummin
- 1 tsk salt

Vägbeskrivning:

Koka olivoljan på medelvärme. Blanda i lök och vitlök och fräs i 1 minut. Rör ner morötterna och fräs i 3 minuter. Tillsätt blomkålsbuketter, spiskummin och salt och blanda ihop.

Täck över och låt koka i 3 minuter tills de fått lite färg. Rör om väl och koka, utan lock, i 3 till 4 minuter, tills det mjuknat. Ta av från värmen och servera varm.

Näring (för 100g): 158 kalorier 10,8g Fett 5,1g Kolhydrater 3,1g Protein 813mg Natrium

Garlicky zucchini kuber med mynta

Förberedelsetid: 5 minuter

Tillagningstid: 10 minuter

Portioner: 4

Svårighetsgrad: Lätt

Ingredienser:

- 3 stora gröna zucchinis
- 3 matskedar extra virgin olivolja
- 1 stor lök, hackad
- 3 vitlöksklyftor, hackade
- 1 tsk salt
- 1 tsk torkad mynta

Vägbeskrivning:

Koka olivoljan i en stor stekpanna på medelvärme.

Blanda i löken och vitlöken och fräs i 3 minuter under konstant omrörning eller tills den mjuknat.

Rör ner zucchinitärningarna och saltet och koka i 5 minuter, eller tills zucchinin är brynt och mjuk.

Tillsätt myntan i stekpannan och blanda ihop, fortsätt sedan koka i 2 minuter. Servera varm.

Näring (för 100g): 146 kalorier 10,6 g fett 3 g kolhydrater 4,2 g protein 789 mg natrium

Zucchini och kronärtskockor skål med Faro

Förberedelsetid: 15 minuter
Tillagningstid: 10 minuter
Portioner: 6
Svårighetsgrad: Lätt

Ingredienser:

- 1/3 kopp extra virgin olivolja
- 1/3 kopp hackad rödlök
- ½ dl hackad röd paprika
- 2 vitlöksklyftor, hackade
- 1 kopp zucchini, skär i ½ tum tjocka skivor
- ½ dl grovt hackade kronärtskockor
- ½ kopp konserverade kikärter, avrunna och sköljda
- 3 koppar kokt faro
- Salt och svartpeppar, efter smak
- ½ kopp smulad fetaost, för servering (valfritt)
- ¼ kopp skivade oliver, för servering (valfritt)
- 2 msk färsk basilika, chiffonad, för servering (valfritt)
- 3 msk balsamvinäger, för servering (valfritt)

Vägbeskrivning:

Hetta upp olivoljan i en stor stekpanna på medelvärme tills den skimrar. Blanda löken, paprikan och vitlöken och fräs i 5 minuter, rör om då och då, tills den mjuknat.

Rör ner zucchiniskivorna, kronärtskockorna och kikärtorna och fräs i cirka 5 minuter tills de är lite mjuka. Tillsätt den kokta faron och blanda tills den är genomvärmd. Strö över salt och peppar för att smaka av.

Fördela blandningen i skålar. Toppa varje skål jämnt med fetaost, olivskivor och basilika och strö över balsamvinägern om så önskas.

Näring (för 100g): 366 kalorier 19,9 g Fett 9 g Kolhydrater 9,3 g Protein 819 mg Natrium

5-Ingrediens Zucchini Fritters

Förberedelsetid: 15 minuter
Tillagningstid: 5 minuter
Portioner: 14
Svårighetsgrad: Genomsnittlig

Ingredienser:

- 4 dl riven zucchini
- Salt att smaka
- 2 stora ägg, lätt uppvispade
- 1/3 kopp skivad salladslök
- 2/3 universalmjöl
- 1/8 tsk svartpeppar
- 2 matskedar olivolja

Vägbeskrivning:

Lägg den rivna zucchinin i ett durkslag och krydda lätt med salt. Ställ åt sidan för att vila i 10 minuter. Ta tag i så mycket vätska som möjligt från den rivna zucchinin.

Häll den rivna zucchinin i en skål. Vänd ner de vispade äggen, salladslöken, mjölet, salt och peppar och rör tills allt är väl blandat.

Hetta upp olivoljan i en stor stekpanna på medelvärme tills den är varm.

Släpp 3 matskedar högar av zucchiniblandningen på den varma stekpannan för att göra varje fritta, stift dem lätt i rundlar och placera dem med ett avstånd på cirka 2 tum från varandra.

Koka i 2 till 3 minuter. Vänd zucchinifrittorna och koka i 2 minuter till, eller tills de är gyllenbruna och genomstekta.

Ta av från värmen till en tallrik klädd med hushållspapper.

Upprepa med den återstående zucchiniblandningen. Servera varm.

Näring (för 100g): 113 kalorier 6,1 g fett 9 g kolhydrater 4 g protein 793 mg natrium

Kyckling Fiesta sallad

Förberedelsetid: 20 minuter

Tillagningstid: 20 minuter

Portioner: 4

Svårighetsgrad: Lätt

Ingredienser:

- 2 halvor kycklingfilé utan skinn eller ben
- 1 paket örter för fajitas, uppdelat
- 1 matsked vegetabilisk olja
- 1 burk svarta bönor, sköljda och avrunna
- 1 låda majs i mexikansk stil
- 1/2 kopp salsa
- 1 paket grönsallad
- 1 lök, finhackad
- 1 tomat, i fjärdedelar

Vägbeskrivning:

Gnid in kycklingen jämnt med 1/2 av örterna för fajitas. Koka oljan i en stekpanna på medelhög värme och koka kycklingen i 8 minuter sida vid sida eller tills saften är klar; Lägg åtsidan. Kombinera bönor, majs, salsa och andra 1/2 fajita kryddor i en stor panna. Värm på medelvärme tills det är ljummet. Förbered salladen genom att blanda gröna grönsaker, lök och tomat. Täck över kycklingsalladen och dressa bön- och majsblandningen.

Näring (för 100g): 311 kalorier 6,4 g fett 42,2 g kolhydrater 23 g protein 853 mg natrium

Majs & svarta bönor sallad

Förberedelsetid: 10 minuter

Tillagningstid: 0 minuter

Portioner: 4

Svårighetsgrad: Lätt

Ingredienser:

- 2 matskedar vegetabilisk olja
- 1/4 kopp balsamvinäger
- 1/2 tsk salt
- 1/2 tsk vitt socker
- 1/2 tsk malen spiskummin
- 1/2 tsk mald svartpeppar
- 1/2 tsk chilipulver
- 3 msk hackad färsk koriander
- 1 burk svarta bönor (15 oz)
- 1 burk sötad majs (8,75 oz) avrunnen

Vägbeskrivning:

Blanda balsamvinäger, olja, salt, socker, svartpeppar, spiskummin och chilipulver i en liten skål. Kombinera svart majs och bönor i en medelstor skål. Blanda med vinäger och oljevinägrett och garnera med koriander. Täck över och kyl över natten.

Näring (för 100g): 214 kalorier 8,4 g fett 28,6 g kolhydrater 7,5 g protein 415 mg natrium

Fantastisk pastasallad

Förberedelsetid: 30 minuter

Tillagningstid: 10 minuter

Portioner: 16

Svårighetsgrad: Genomsnittlig

Ingredienser:

- 1 (16-oz) fusilli-pastapaket
- 3 koppar körsbärstomater
- 1/2 pund provolone, tärnad
- 1/2 pund korv, tärnad
- 1/4 pund pepperoni, halverad
- 1 stor grön paprika
- 1 burk svarta oliver, avrunnen
- 1 burk chili, avrunnen
- 1 flaska (8 oz) italiensk vinägrett

Vägbeskrivning:

Koka upp ett lättsaltat vatten i en kastrull. Rör ner pastan och koka i cirka 8 till 10 minuter eller tills den är al dente. Häll av och skölj med kallt vatten.

Kombinera pasta med tomater, ost, salami, pepperoni, grön paprika, oliver och paprika i en stor skål. Häll vinägretten och blanda väl.

Näring (för 100g): 310 kalorier 17,7 g fett 25,9 g kolhydrater 12,9 g protein 746 mg natrium

Tonfisksallad

Förberedelsetid: 20 minuter

Tillagningstid: 0 minuter

Portioner: 4

Svårighetsgrad: Lätt

Ingredienser:

- 1 (19 ounce) burk garbanzobönor
- 2 msk majonnäs
- 2 tsk kryddig brun senap
- 1 msk söt pickle
- Salta och peppra efter smak
- 2 hackade salladslökar

Vägbeskrivning:

Kombinera gröna bönor, majonnäs, senap, sås, hackad salladslök, salt och peppar i en medelstor skål. Blanda väl.

Näring (för 100g): 220 kalorier 7,2 g fett 32,7 g kolhydrater 7 g protein 478 mg natrium

Södra potatissallad

Förberedelsetid: 15 minuter

Tillagningstid: 15 minuter

Portioner: 4

Svårighetsgrad: Genomsnittlig

Ingredienser:

- 4 potatisar
- 4 ägg
- 1/2 stjälk selleri, finhackad
- 1/4 kopp söt smak
- 1 hackad vitlöksklyfta
- 2 msk senap
- 1/2 kopp majonnäs
- salt och peppar efter smak

Vägbeskrivning:

Koka upp vatten i en gryta, placera sedan potatisen och koka tills den är mjuk men fortfarande fast, ca 15 minuter; låt rinna av och hacka. Lägg över äggen i en kastrull och täck med kallt vatten.

Koka vattnet; täck, ta bort från värmen och låt äggen dra i varmt vatten i 10 minuter. Ta bort sedan skal och hacka.

Kombinera potatis, ägg, selleri, söt sås, vitlök, senap, majonnäs, salt och peppar i en stor skål. Blanda och servera varm.

Näring (för 100g): 460 kalorier 27,4 g fett 44,6 g kolhydrater 11,3 g protein 214 mg natrium

Sju lager sallad

Förberedelsetid: 15 minuter

Tillagningstid: 5 minuter

Portioner: 10

Svårighetsgrad: Genomsnittlig

Ingredienser:

- 1 pund bacon
- 1 huvud isbergssallad
- 1 rödlök, finhackad
- 1 förpackning med 10 frysta ärtor, tinade
- 10 oz riven cheddarost
- 1 dl hackad blomkål
- 1 1/4 kopp majonnäs
- 2 matskedar vitt socker
- 2/3 kopp riven parmesanost

Vägbeskrivning:

Lägg baconet i en stor, ytlig stekpanna. Grädda på medelvärme tills den är slät. Smula sönder och ställ åt sidan. Placera den hackade salladen i en stor skål och täck med ett lager av lök, ärtor, riven ost, blomkål och bacon.

Förbered vinägretten genom att blanda majonnäs, socker och parmesanost. Häll över salladen och svalna.

Näring (för 100g): 387 kalorier 32,7 g fett 9,9 g kolhydrater 14,5 g protein 609 mg natrium

Grönkål, Quinoa & avokadosallad med citron Dijonvinägrett

Förberedelsetid: 5 minuter
Tillagningstid: 25 minuter
Portioner: 4
Svårighetsgrad: Svår

Ingredienser:

- 2/3 kopp quinoa
- 1 1/3 kopp vatten
- 1 knippe grönkål, riven i lagom stora bitar
- 1/2 avokado - skalad, tärnad och urkärnad
- 1/2 kopp hackad gurka
- 1/3 kopp hackad röd paprika
- 2 msk hackad rödlök
- 1 msk feta smulad

Vägbeskrivning:

Koka upp quinoan och 1 1/3 dl vatten i en kastrull. Justera värmen och låt sjuda tills quinoan är mjuk och vattnet absorberas i cirka 15 till 20 minuter. Ställ åt sidan för att svalna.

Lägg kålen i en ångkorg över mer än en tum kokande vatten i en kastrull. Förslut pannan med ett lock och ånga tills det är varmt, cirka 45 sekunder; överföra till en stor tallrik. Garnera med kål, quinoa, avokado, gurka, paprika, rödlök och fetaost.

Kombinera olivolja, citronsaft, dijonsenap, havssalt och svartpeppar i en skål tills oljan är emulgerad i dressingen; häll över salladen.

Näring (för 100g): 342 kalorier 20,3 g fett 35,4 g kolhydrater 8,9 g protein 705 mg natrium

Kycklingsallad

Förberedelsetid: 20 minuter

Tillagningstid: 0 minuter

Portioner: 9

Svårighetsgrad: Lätt

Ingredienser:

- 1/2 kopp majonnäs
- 1/2 tsk salt
- 3/4 tesked fågelörter
- 1 msk citronsaft
- 3 dl kokt kycklingbröst, tärnat
- 1/4 tsk mald svartpeppar
- 1/4 tsk vitlökspulver
- 1/4 tsk lökpulver
- 1/2 dl finhackad selleri
- 1 (8 oz) låda vattenkastanjer, avrunnen och hackad
- 1/2 kopp hackad salladslök
- 1 1/2 dl gröna druvor halverade
- 1 1/2 dl tärnad schweizisk ost

Vägbeskrivning:

Kombinera majonnäs, salt, kycklingkryddor, lökpulver, vitlökspulver, peppar och citronsaft i en medelstor skål. Kombinera kyckling, selleri, salladslök, vattenkastanjer, schweizerost och russin i en stor skål. Rör ner majonnäsblandningen och bestryk. Kyl tills den ska serveras.

Näring (för 100g): 293 kalorier 19,5 g fett 10,3 g kolhydrater 19,4 g protein 454 mg natrium

Cobb sallad

Förberedelsetid: 5 minuter

Tillagningstid: 15 minuter

Portioner: 6

Svårighetsgrad: Svår

Ingredienser:

- 6 skivor bacon
- 3 ägg
- 1 dl isbergssallad, riven
- 3 dl kokt malet kycklingkött
- 2 tomater, kärnade och hackade
- 3/4 kopp ädelost, smulad
- 1 avokado - skalad, urkärnad och tärnad
- 3 salladslökar, hackade
- 1 flaska (8 oz.) Ranch Vinaigrette

Vägbeskrivning:

Lägg äggen i en kastrull och blöt dem helt i kallt vatten. Koka vattnet. Täck över och ta bort från värmen och låt äggen vila i varmt vatten i 10 till 12 minuter. Ta bort från hett vatten, låt svalna, skala och hacka. Lägg baconet i en stor, djup stekpanna. Grädda på medelvärme tills den är slät. Avsätta.

Dela den rivna salladen i separata tallrikar. Fördela kyckling, ägg, tomater, ädelost, bacon, avokado och salladslök i rader på sallad. Strö över din favoritvinägrett och njut.

Näring (för 100g): 525 kalorier 39,9 g fett 10,2 g kolhydrater 31,7 g protein 701 mg natrium

Broccolisallad

Förberedelsetid: 10 minuter
Tillagningstid: 15 minuter
Portioner: 6
Svårighetsgrad: Genomsnittlig

Ingredienser:

- 10 skivor bacon
- 1 kopp färsk broccoli
- ¼ kopp rödlök, hackad
- ½ kopp russin
- 3 msk vitvinsvinäger
- 2 matskedar vitt socker
- 1 kopp majonnäs
- 1 kopp solrosfrön

Vägbeskrivning:

Stek baconet i en stekpanna på medelvärme. Låt rinna av, smula sönder och ställ åt sidan. Kombinera broccoli, lök och russin i en medelstor skål. Blanda vinäger, socker och majonnäs i en liten skål. Häll över broccoliblandningen och blanda. Kyl i minst två timmar.

Innan servering blandas salladen med smulad bacon och solrosfrön.

Näring (för 100g): 559 kalorier 48,1g fett 31g kolhydrater 18g protein 584mg natrium

Jordgubbsspenatsallad

Förberedelsetid: 10 minuter

Tillagningstid: 0 minuter

Portioner: 4

Svårighetsgrad: Lätt

Ingredienser:

- 2 msk sesamfrön
- 1 msk vallmofrön
- 1/2 kopp vitt socker
- 1/2 kopp olivolja
- 1/4 kopp destillerad vit vinäger
- 1/4 tsk paprika
- 1/4 tsk Worcestershiresås
- 1 msk finhackad lök
- 10 uns färsk spenat
- 1 liter jordgubbar - rensade, skalade och skivade
- 1/4 kopp mandel, blancherad och skivad

Vägbeskrivning:

I en medelstor skål, vispa ihop samma frön, vallmofrön, socker, olivolja, vinäger, paprika, Worcestershiresås och lök. Täck över och kyl i en timme.

I en stor skål, införliva spenat, jordgubbar och mandel. Ringla dressingen över salladen och rör om. Kyl 10 till 15 minuter före servering.

Näring (för 100g): 491 kalorier 35,2 g fett 42,9 g kolhydrater 6 g protein 691 mg natrium

Päronsallad med Roquefortost

Förberedelsetid: 20 minuter

Tillagningstid: 10 minuter

Portioner: 2

Svårighetsgrad: Genomsnittlig

Ingredienser:

- 1 salladsblad, riven i lagom stora bitar
- 3 päron - skalade, urkärnade och tärnade
- 5 uns Roquefort, smulad
- 1 avokado - skalad, kärnad och tärnad
- 1/2 kopp hackad salladslök
- 1/4 kopp vitt socker
- 1/2 kopp pekannötter
- 1/3 kopp olivolja
- 3 msk rödvinsvinäger
- 1 1/2 tsk vitt socker
- 1 1/2 tesked beredd senap
- 1/2 tsk saltad svartpeppar
- 1 vitlöksklyfta

Vägbeskrivning:

Rör ner 1/4 kopp socker med pekannötterna i en kastrull på medelvärme. Fortsätt att röra försiktigt tills sockret karamelliserat med pekannötter. Överför försiktigt muttrarna till vaxpapper. Låt det svalna och bryt i bitar.

Blanda för vinägrettolja, marinad, 1 1/2 tsk socker, senap, hackad vitlök, salt och peppar.

I en djup skål, kombinera sallad, päron, ädelost, avokado och salladslök. Lägg vinägrett över salladen, strö över pekannötter och servera.

Näring (för 100g):426 kalorier 31,6 g fett 33,1 g kolhydrater 8 g protein 481 mg natrium

Mexikansk bönsallad

Förberedelsetid: 15 minuter

Tillagningstid: 0 minuter

Portioner: 6

Svårighetsgrad: Lätt

Ingredienser:

- 1 burk svarta bönor (15 oz), avrunna
- 1 burk röda bönor (15 oz), avrunna
- 1 burk vita bönor (15 oz), avrunna
- 1 grön paprika, finhackad
- 1 röd paprika, finhackad
- 1 förpackning frysta majskärnor
- 1 rödlök, finhackad
- 2 msk färsk limejuice
- 1/2 kopp olivolja
- 1/2 kopp rödvinsvinäger
- 1 msk citronsaft
- 1 matsked salt
- 2 matskedar vitt socker
- 1 pressad vitlöksklyfta
- 1/4 kopp hackad koriander
- 1/2 msk mald spiskummin
- 1/2 msk mald svartpeppar
- 1 skvätt pepparsås

- 1/2 tsk chilipulver

Vägbeskrivning:

Kombinera bönor, paprika, fryst majs och rödlök i en stor skål. Kombinera olivolja, limejuice, rödvinsvinäger, citronsaft, socker, salt, vitlök, koriander, spiskummin och svartpeppar i en liten skål - smaka av med varm sås och chilipulver.

Häll vinägretten med olivolja över grönsakerna; blanda väl. Kyl väl och servera kallt.

Näring (för 100g): 334 kalorier 14,8 g fett 41,7 g kolhydrater 11,2 g protein 581 mg natrium

Melonsallad

Förberedelsetid: 20 minuter

Tillagningstid: 0 minuter

Portioner: 6

Svårighetsgrad: Genomsnittlig

Ingredienser:

- ¼ tesked havssalt
- ¼ tesked svartpeppar
- 1 msk balsamvinäger
- 1 cantaloupe, i fjärdedelar och kärnade
- 12 vattenmeloner, små & kärnfria
- 2 dl mozzarellabollar, färska
- 1/3 kopp basilika, färsk & riven
- 2 msk. olivolja

Vägbeskrivning:

Skrapa ur cantaloupebollar och lägg dem i ett durkslag över en serveringsskål. Använd din melonballer för att skära vattenmelonen också, och lägg sedan i dem med din cantaloupe.

Låt din frukt rinna av i tio minuter och kyl sedan saften för ett annat recept. Det kan till och med läggas till smoothies. Torka av skålen och lägg sedan frukten i den.

Tillsätt basilika, olja, vinäger, mozzarella och tomater innan du smakar av med salt och peppar. Blanda försiktigt och servera omedelbart eller kyld.

Näring (för 100g): 218 kalorier 13 g fett 9 g kolhydrater 10 g protein 581 mg natrium

Apelsinsellerisallad

Förberedelsetid: 15 minuter

Tillagningstid: 0 minuter

Portioner: 6

Svårighetsgrad: Lätt

Ingredienser:

- 1 msk citronsaft, färsk
- ¼ tesked havssalt, fint
- ¼ tesked svartpeppar
- 1 msk olivlake
- 1 msk olivolja
- ¼ kopp rödlök, skivad
- ½ kopp gröna oliver
- 2 apelsiner, skalade och skivade
- 3 stjälkar selleri, skivade diagonalt i ½ tums skivor

Vägbeskrivning:

Lägg dina apelsiner, oliver, lök och selleri i en grund skål. I en annan skål vispa din olja, olivlake och citronsaft, häll detta över din sallad. Smaka av med salt och peppar innan servering.

Näring (för 100g): 65 kalorier 7g Fett 9g Kolhydrater 2g Protein 614mg Natrium

Grillad broccolisallad

Förberedelsetid: 20 minuter

Tillagningstid: 10 minuter

Portioner: 4

Svårighetsgrad: Svår

Ingredienser:

- 1 lb broccoli, skuren i buketter & stjälk skivad
- 3 msk olivolja, delad
- 1-pint körsbärstomater
- 1 ½ tsk honung, rå & delad
- 3 koppar bröd i tärningar, fullkorn
- 1 msk balsamvinäger
- ½ tsk svartpeppar
- ¼ tesked havssalt, fint
- riven parmesan till servering

Vägbeskrivning:

Förbered ugnen på 450 grader och ta sedan ut en kantad bakplåt. Sätt in den i ugnen för att värma upp. Ringla din broccoli med en matsked olja och häll över den.

Ta bort plåten från ugnen och häll broccolin på den. Lämna oljan i botten av skålen, lägg i dina tomater, släng till beläggning och släng sedan dina tomater med en matsked honung. Häll dem på samma bakplåt som din broccoli.

Rosta i femton minuter och rör om halvvägs genom tillagningstiden. Lägg i ditt bröd och rosta sedan i tre minuter till. Vispa två matskedar olja, vinäger och återstående honung. Krydda med salt och peppar. Häll detta över din broccolimix för att servera.

Näring (för 100g): 226 Kalorier 12g Fett 26g Kolhydrater 7g Protein 581mg Natrium

Tomatsallad

Förberedelsetid: 20 minuter

Tillagningstid: 0 minuter

Portioner: 4

Svårighetsgrad: Lätt

Ingredienser:

- 1 gurka, skivad
- ¼ kopp soltorkade tomater, hackade
- 1 pund tomater, i tärningar
- ½ kopp svarta oliver
- 1 rödlök, skivad
- 1 msk balsamvinäger
- ¼ kopp persilja, färsk & hackad
- 2 matskedar olivolja
- havssalt & svartpeppar efter smak

Vägbeskrivning:

Ta fram en skål och kombinera alla dina grönsaker. För att göra din dressing blanda all din krydda, olivolja och vinäger. Blanda med din sallad och servera färsk.

Näring (för 100g): 126 kalorier 9,2 g fett 11,5 g kolhydrater 2,1 g protein 681 mg natrium

Fetabetssallad

Förberedelsetid: 15 minuter

Tillagningstid: 0 minuter

Portioner: 4

Svårighetsgrad: Lätt

Ingredienser:

- 6 rödbetor, kokta & skalade
- 3 uns fetaost, i tärningar
- 2 matskedar olivolja
- 2 msk balsamvinäger

Vägbeskrivning:

Blanda ihop allt och servera sedan.

Näring (för 100g): 230 kalorier 12 g Fett 26,3 g Kolhydrater 7,3 g Protein 614 mg Natrium

Blomkål & Tomatsallad

Förberedelsetid: 15 minuter

Tillagningstid: 0 minuter

Portioner: 4

Svårighetsgrad: Lätt

Ingredienser:

- 1 blomkålshuvud, hackad
- 2 msk persilja, färsk & hackad
- 2 dl körsbärstomater, halverade
- 2 msk citronsaft, färsk
- 2 msk pinjenötter
- havssalt & svartpeppar efter smak

Vägbeskrivning:

Blanda din citronsaft, körsbärstomater, blomkål och persilja och krydda sedan. Toppa med pinjenötter och blanda väl innan servering.

Näring (för 100g): 64 kalorier 3,3 g Fett 7,9 g Kolhydrater 2,8 g Protein 614 mg Natrium

Pilaf med färskost

Förberedelsetid: 20 minuter

Tillagningstid: 10 minuter

Portioner: 6

Svårighetsgrad: Genomsnittlig

Ingredienser:

- 2 dl gult långkornigt ris, förkokt
- 1 kopp lök
- 4 salladslökar
- 3 matskedar smör
- 3 msk grönsaksbuljong
- 2 tsk cayennepeppar
- 1 tsk paprika
- ½ tesked kryddnejlika, hackad
- 2 msk myntablad, färska & hackade
- 1 knippe färska myntablad till garnering
- 1 msk olivolja
- havssalt & svartpeppar efter smak
- <u>Ostkräm:</u>
- 3 matskedar olivolja
- havssalt & svartpeppar efter smak
- 9 uns färskost

Vägbeskrivning:

Förbered ugnen på 360 grader och dra sedan ut en panna. Hetta upp smör och olivolja tillsammans och koka löken och vårlöken i två minuter.

Tillsätt salt, peppar, paprika, kryddnejlika, grönsaksbuljong, ris och resterande kryddor. Fräs i tre minuter. Slå in med folie och grädda i ytterligare en halvtimme. Låt den svalna.

Blanda ner färskost, ost, olivolja, salt och peppar. Servera din pilaff garnerad med färska myntablad.

Näring (för 100g): 364 kalorier 30 g fett 20 g kolhydrater 5 g protein 511 mg natrium

Rostad aubergine sallad

Förberedelsetid: 10 minuter

Tillagningstid: 20 minuter

Portioner: 6

Svårighetsgrad: Lätt

Ingredienser:

- 1 rödlök, skivad
- 2 msk persilja, färsk & hackad
- 1 tsk timjan
- 2 dl körsbärstomater, halverade
- havssalt & svartpeppar efter smak
- 1 tsk oregano
- 3 matskedar olivolja
- 1 tsk basilika
- 3 auberginer, skalade och tärnade

Vägbeskrivning:

Börja med att värma ugnen till 350. Krydda din aubergine med basilika, salt, peppar, oregano, timjan och olivolja. Lägg den på en bakplåt och grädda i en halvtimme. Blanda med resterande ingredienser innan servering.

Näring (för 100g):148 kalorier 7,7 g Fett 20,5 g Kolhydrater 3,5 g Protein 660 mg Natrium

Rostade grönsaker

Förberedelsetid: 5 minuter

Tillagningstid: 15 minuter

Portioner: 12

Svårighetsgrad: Lätt

Ingredienser:

- 6 vitlöksklyftor
- 6 matskedar olivolja
- 1 fänkålslök, tärnad
- 1 zucchini, tärnad
- 2 röda paprikor, tärnade
- 6 potatisar, stora och tärnade
- 2 tsk havssalt
- ½ kopp balsamvinäger
- ¼ kopp rosmarin, hackad och färsk
- 2 tsk grönsaksbuljongpulver

Vägbeskrivning:

Börja med att värma din ugn till 400. Lägg din potatis, fänkål, zucchini, vitlök och fänkål på en ugnsform, ringla över olivolja. Strö över salt, buljongpulver och rosmarin. Blanda väl och grädda sedan i 450 grader i trettio till fyrtio minuter. Blanda ner din vinäger i grönsakerna innan servering.

Näring (för 100g): 675 kalorier 21g Fett 112g Kolhydrater 13g Protein 718mg Natrium

Pistage ruccolasallad

Förberedelsetid: 20 minuter

Tillagningstid: 0 minuter

Portioner: 6

Svårighetsgrad: Lätt

Ingredienser:

- 6 dl grönkål, hackad
- ¼ kopp olivolja
- 2 msk citronsaft, färsk
- ½ tsk rökt paprika
- 2 koppar ruccola
- 1/3 kopp pistagenötter, osaltade och skalade
- 6 matskedar parmesanost, riven

Vägbeskrivning:

Ta fram en salladsskål och kombinera din olja, citron, rökt paprika och grönkål. Massera försiktigt in bladen i en halv minut. Din grönkål ska vara väl belagd. Blanda försiktigt din ruccola och pistagenötter när du ska servera.

Näring (för 100g): 150 kalorier 12 g fett 8 g kolhydrater 5 g protein 637 mg natrium

Parmesan korn Risotto

Förberedelsetid: 10 minuter

Tillagningstid: 20 minuter

Portioner: 6

Svårighetsgrad: Svår

Ingredienser:

- 1 dl gul lök, hackad
- 1 msk olivolja
- 4 dl grönsaksbuljong, låg natriumhalt
- 2 dl pärlkorn, okokt
- ½ dl torrt vitt vin
- 1 dl parmesanost, finriven & delad
- havssalt & svartpeppar efter smak
- färsk gräslök, hackad till servering
- citronklyftor till servering

Vägbeskrivning:

Tillsätt buljongen i en kastrull och låt sjuda på medelhög värme. Ta fram en fondgryta och ställ den på medelhög värme också. Hetta upp oljan innan du lägger i löken. Koka i åtta minuter och rör om då och då. Lägg i ditt korn och koka i två minuter till. Rör i ditt korn, koka tills det är rostat.

Häll i vinet, koka ytterligare en minut. Det mesta av vätskan bör ha avdunstat innan du lägger i en kopp varm buljong. Koka och rör om i två minuter. Din vätska bör absorberas. Tillsätt den återstående buljongen i koppen och koka tills varje kopp har absorberats. Det bör ta ungefär två minuter varje gång.

Dra ut från värmen, tillsätt en halv kopp ost och toppa med resterande ost, gräslök och citronklyftor.

Näring (för 100g): 345 kalorier 7 g fett 56 g kolhydrater 14 g protein 912 mg natrium

Skaldjur & avokadosallad

Förberedelsetid: 10 minuter

Tillagningstid: 0 minuter

Portioner: 4

Svårighetsgrad: Lätt

Ingredienser:

- 2 lbs. lax, kokt & hackad
- 2 lbs. räkor, kokta & hackade
- 1 dl avokado, hackad
- 1 kopp majonnäs
- 4 matskedar limejuice, färsk
- 2 vitlöksklyftor
- 1 kopp gräddfil
- havssalt & svartpeppar efter smak
- ½ rödlök, finhackad
- 1 dl gurka, hackad

Vägbeskrivning:

Börja med att ta fram en skål och kombinera din vitlök, salt, peppar, lök, majonnäs, gräddfil och limejuice,

Ta fram en annan skål och blanda ihop lax, räkor, gurka och avokado.

Tillsätt majonnäsblandningen till dina räkor och låt den sedan stå i tjugo minuter i kylen innan servering.

Näring (för 100g): 394 kalorier 30 g fett 3 g kolhydrater 27 g protein 815 mg natrium

Medelhavsräksallad

Förberedelsetid: 40 minuter

Tillagningstid: 0 minuter

Portioner: 6

Svårighetsgrad: Lätt

Ingredienser:

- 1 ½ lbs. räkor, rensade & tillagade
- 2 stjälkselleri, färska
- 1 lök
- 2 salladslökar
- 4 ägg, kokta
- 3 potatisar, kokta
- 3 matskedar majonnäs
- havssalt & svartpeppar efter smak

Vägbeskrivning:

Börja med att skiva din potatis och hacka din selleri. Skiva dina ägg och krydda. Blanda ihop allt. Lägg dina räkor över äggen och servera sedan med lök och salladslök.

Näring (för 100g): 207 kalorier 6g Fett 15g Kolhydrater 17g Protein 664mg Natrium

Kikärtspastasallad

Förberedelsetid: 10 minuter

Tillagningstid: 15 minuter

Portioner: 6

Svårighetsgrad: Genomsnittlig

Ingredienser:

- 2 matskedar olivolja
- 16 uns rotelle pasta
- ½ kopp torkade oliver, hackade
- 2 msk oregano, färsk & malet
- 2 msk persilja, färsk & hackad
- 1 knippe salladslök, hackad
- ¼ kopp rödvinsvinäger
- 15 uns konserverade garbanzobönor, avrunna och sköljda
- ½ kopp parmesanost, riven
- havssalt & svartpeppar efter smak

Vägbeskrivning:

Koka upp vatten och lägg pastan al dente och följ instruktionerna på förpackningen. Töm den och skölj den med kallt vatten.

Ta fram en stekpanna och värm olivoljan på medelvärme. Lägg i din salladslök, kikärter, persilja, oregano och oliver. Sänk värmen och fräs i tjugo minuter till. Låt denna blandning svalna.

Blanda din kikärtsblandning med din pasta och tillsätt riven ost, salt, peppar och vinäger. Låt den svalna i fyra timmar eller över natten innan servering.

Näring (för 100g): 424 kalorier 10 g fett 69 g kolhydrater 16 g protein 714 mg natrium

Medelhavsröra

Förberedelsetid: 10 minuter

Tillagningstid: 30 minuter

Portioner: 4

Svårighetsgrad: Genomsnittlig

Ingredienser:

- 2 zucchinis
- 1 lök
- ¼ tesked havssalt
- 2 vitlöksklyftor
- 3 tsk olivolja, uppdelad
- 1 lb kycklingbröst, utan ben
- 1 kopp snabbkokt korn
- 2 koppar vatten
- ¼ tesked svartpeppar
- 1 tsk oregano
- ¼ tesked röd paprikaflingor
- ½ tsk basilika
- 2 plommontomater
- ½ kopp grekiska oliver, urkärnade
- 1 msk persilja, färsk

Vägbeskrivning:

Börja med att ta bort skinnet från din kyckling och skär den sedan i mindre bitar. Hacka vitlök och persilja och hacka sedan dina oliver, zucchini, tomater och lök. Ta fram en kastrull och låt vattnet koka upp. Blanda i ditt korn och låt det puttra i åtta till tio minuter.

Stäng av värmen. Låt den vila i fem minuter. Ta fram en stekpanna och tillsätt två teskedar olivolja. Stek kycklingen när den är varm och ta sedan bort den från värmen. Koka löken i din återstående olja. Blanda i dina resterande ingredienser och koka i ytterligare tre till fem minuter. Servera varm.

Näring (för 100g): 337 Kalorier 8,6g Fett 32,3g Kolhydrater 31,7g Protein 517mg Natrium

Balsamic gurksallad

Förberedelsetid: 15 minuter

Tillagningstid: 0 minuter

Portioner: 4

Svårighetsgrad: Lätt

Ingredienser:

- 2/3 stor engelsk gurka, halverad och skivad
- 2/3 medelstor rödlök, halverad och tunt skivad
- 5 1/2 msk balsamvinägrett
- 1 1/3 dl druvtomater, halverade
- 1/2 kopp smulad fetaost med reducerad fetthalt

Vägbeskrivning:

Blanda gurka, tomater och lök i en stor skål. Tillsätt vinägrett; kasta till beläggning. Kyl, täckt, tills servering. Rör ner osten precis innan servering. Servera med en hålad tesked.

Näring (för 100g): 250 kalorier 12g fetter 15g kolhydrater 34g protein 633mg natrium

Beef Kefta biffar med gurksallad

Förberedelsetid: 10 minuter

Tillagningstid: 15 minuter

Portioner: 2

Svårighetsgrad: Svår

Ingredienser:

- matlagningsspray
- 1/2-pund mald ryggbiff
- 2 msk plus 2 msk hackad färsk bladpersilja, delad
- 1 1/2 tsk hackad skalad färsk ingefära
- 1 tsk mald koriander
- 2 msk hackad färsk koriander
- 1/4 tsk salt
- 1/2 tsk malen spiskummin
- 1/4 tsk mald kanel
- 1 kopp tunt skivad engelska gurka
- 1 msk risvinäger
- 1/4 kopp vanlig fettfri grekisk yoghurt
- 1 1/2 tsk färsk citronsaft
- 1/4 tsk nymalen svartpeppar
- 1 (6-tums) pitabröd, i fjärdedelar

Vägbeskrivning:

Värm en grillpanna över medelhög värme. Klä pannan med matlagningsspray. Kombinera nötkött, 1/4 glas persilja, koriander och nästa 5 element i en medelstor skål. Dela kombinationen i 4 samma delar, forma var och en till en 1/2-tums tjock biff. Lägg biffar i pannan; koka båda sidor tills önskad grad av färdighet.

Blanda gurka och vinäger i en medelstor skål; kasta väl. Kombinera fettfri yoghurt, återstående 2 matskedar persilja, juice och peppar i en liten skål; rör om med en visp. Sätt upp 1 biff och 1/2 kopp gurkblandning på var och en av 4 porslin. Toppa varje erbjudande med cirka 2 msk yoghurtkryddor. Servera var och en med 2 pitablyftor.

Näring (för 100g): 116 kalorier 5g fetter 11g kolhydrater 28g protein 642mg natrium

Kyckling och gurksallad med persiljepesto

Förberedelsetid: 15 minuter

Tillagningstid: 5 minuter

Portioner: 8

Svårighetsgrad: Lätt

Ingredienser:

- 2 2/3 koppar packade färska plattbladiga bladpersilja
- 1 1/3 dl färsk babyspenat
- 1 1/2 msk rostade pinjenötter
- 1 1/2 msk riven parmesanost
- 2 1/2 msk färsk citronsaft
- 1 1/3 tsk kosher salt
- 1/3 tsk svartpeppar
- 1 1/3 medelstora vitlöksklyftor, krossade
- 2/3 kopp extra virgin olivolja
- 5 1/3 koppar strimlad rotisserie kyckling (från 1 kyckling)
- 2 2/3 koppar kokt skalad edamame
- 1 1/2 burkar 1 (15-oz.) osaltade kikärter, avrunna och sköljda
- 1 1/3 dl hackad engelska gurka
- 5 1/3 koppar löst packad ruccola

Vägbeskrivning:

Kombinera persilja, spenat, citronsaft, pinjenötter, ost, vitlök, salt och peppar i matberedare; bearbeta ca 1 minut. Med processorn igång, tillsätt olja; bearbeta tills den är slät, ca 1 minut.

Rör ihop kyckling, edamame, kikärter och gurka i en stor skål. Tillsätt pesto; kasta för att kombinera.

Placera 2/3 kopp ruccola i var och en av 6 skålar; toppa varje med 1 kopp kycklingsalladsblandning. Servera omedelbart.

Näring (för 100g):116 kalorier 12g fetter 3g kolhydrater 9g protein 663mg natrium

Lätt ruccolasallad

Förberedelsetid: 15 minuter

Tillagningstid: 0 minuter

Portioner: 6

Svårighetsgrad: Lätt

Ingredienser:

- 6 dl unga ruccolablad, sköljda och torkade
- 1 1/2 dl körsbärstomater, halverade
- 6 matskedar pinjenötter
- 3 msk druvkärneolja eller olivolja
- 1 1/2 msk risvinäger
- 3/8 tsk nymalen svartpeppar efter smak
- 6 matskedar riven parmesanost
- 3/4 tsk salt efter smak
- 1 1/2 stor avokado - skalad, urkärnad och skivad

Vägbeskrivning:

Blanda ruccola, körsbärstomater, pinjenötter, olja, vinäger och parmesanost i en stor plastform med lock. Jämför med salt och peppar för att smaka av. Täck över och vrid för att blanda.

Dela salladen på porslin och toppa med skivor avokado.

Näring (för 100g): 120 kalorier 12g fetter 14g kolhydrater 25g protein 736mg natrium

Feta Garbanzo bönsallad

Förberedelsetid: 10 minuter

Tillagningstid: 0 minuter

Portioner: 6

Svårighetsgrad: Lätt

Ingredienser:

- 1 1/2 burkar (15 uns) garbanzobönor
- 1 1/2 burkar (2-1/4 ounces) skivade mogna oliver, avrunna
- 1 1/2 medelstora tomater
- 6 matskedar tunt skivad rödlök
- 2 1/4 koppar 1-1/2 grovt hackad engelska gurka
- 6 matskedar hackad färsk persilja
- 4 1/2 msk olivolja
- 3/8 tsk salt
- 1 1/2 msk citronsaft
- 3/16 tsk peppar
- 7 1/2 dl blandad grönsallad
- 3/4 kopp smulad fetaost

Vägbeskrivning:

Överför alla ingredienser i en stor skål; kasta för att kombinera. Tillsätt parmesanost.

Näring (för 100g): 140 kalorier 16g fetter 10g kolhydrater 24g protein 817mg natrium

Grekiska bruna och vilda risskålar

Förberedelsetid: 15 minuter

Tillagningstid: 5 minuter

Portioner: 4

Svårighetsgrad: Lätt

Ingredienser:

- 2 paket (8-1/2 uns) färdiga att servera fullkornsbrunt och vildris medley
- 1 medelmogen avokado, skalad och skivad
- 1 1/2 dl körsbärstomater, halverade
- 1/2 kopp grekisk vinägrett, delad
- 1/2 dl smulad fetaost
- 1/2 kopp urkärnade grekiska oliver, skivade
- finhackad färsk persilja, valfritt

Vägbeskrivning:

Blanda spannmålsblandningen och 2 msk vinägrett i en mikrovågssäker skål. Täck över och låt koka på hög tills den är genomvärmd, cirka 2 minuter. Dela mellan 2 skålar. Bäst med avokado, tomatgrönsaker, ost, oliver, överbliven dressing och om så önskas persilja.

Näring (för 100g): 116 kalorier 10g fetter 9g kolhydrater 26g protein 607mg natrium

Grekisk middagssallad

Förberedelsetid: 10 minuter

Tillagningstid: 0 minuter

Portioner: 4

Svårighetsgrad: Lätt

Ingredienser:

- 2 1/2 msk grovhackad färsk persilja
- 2 msk grovhackad färsk dill
- 2 tsk färsk citronsaft
- 2/3 tsk torkad oregano
- 2 tsk extra virgin olivolja
- 4 dl strimlad romersallat
- 2/3 kopp tunt skivad rödlök
- 1/2 dl smulad fetaost
- 2 dl tärnade tomater
- 2 tsk kapris
- 2/3 gurka, skalad, delad i fjärdedelar på längden och tunt skivad
- 2/3 (19-ounce) burk kikärter, avrunna och sköljda
- 4 (6-tums) fullkornspitas, var och en skuren i 8 klyftor

Vägbeskrivning:

Kombinera de första 5 ämnena i en stor skål; rör om med en visp. Lägg till en medlem av salladsfamiljen och de nästa 6 ingredienserna (sallat genom kikärter); kasta väl. Servera med pitablyftor.

Näring (för 100g): 103 kalorier 12g fetter 8g kolhydrater 36g protein 813mg natrium

Hälleflundra med citron-fänkålssallad

Förberedelsetid: 15 minuter

Tillagningstid: 5 minuter

Portioner: 2

Svårighetsgrad: Genomsnittlig

Ingredienser:

- 1/2 tsk mald koriander
- 1/4 tsk salt
- 1/8 tsk nymalen svartpeppar
- 2 1/2 tsk extra virgin olivolja, delad
- 1/4 tsk malen spiskummin
- 1 vitlöksklyfta, finhackad
- 2 (6-ounce) hälleflundrafiléer
- 1 kopp fänkålslök
- 2 matskedar tunt vertikalt skivad rödlök
- 1 msk färsk citronsaft
- 1 1/2 tsk hackad plattbladspersilja
- 1/2 tsk färska timjanblad

Vägbeskrivning:

Kombinera de första 4 ämnena i en liten skål. Kombinera 1/2 tsk kryddblandning, 2 tsk olja och vitlök i en liten skål; gnugga vitlöksklyftorna jämnt över fisken. Värm 1 tsk olja i en stor stekpanna med nonstick över medelhög temperatur. Lägg fisk i pannan; koka 5 minuter på varje sida eller tills önskad nivå av färdighet.

Kombinera återstående 3/4 tsk kryddblandning, återstående 2 tsk olja, fänkålsglödlampa och resterande ämnen i en medelstor skål, blanda väl för att täcka. Ge sallad med skaldjur.

Näring (för 100g):110 kalorier 9g fetter 11g kolhydrater 29g protein 558mg natrium

Örtad grekisk kycklingsallad

Förberedelsetid: 10 minuter

Tillagningstid: 10 minuter

Portioner: 2

Svårighetsgrad: Genomsnittlig

Ingredienser:

- 1/2 tsk torkad oregano
- 1/4 tsk vitlökspulver
- 3/8 tsk svartpeppar, delad
- matlagningsspray
- 1/2-pund skinnfria, benfria kycklingbröst, skurna i 1-tums kuber
- 1/4 tsk salt, delat
- 1/2 kopp vanlig fettfri yoghurt
- 1 tsk tahini (sesamfröpasta)
- 2 1/2 tsk. färsk citronsaft
- 1/2 tsk hackad vitlök på flaska
- 4 dl hackad romersallat
- 1/2 kopp skalad hackad engelska gurka
- 1/2 kopp druvtomater, halverade
- 3 urkärnade kalamataoliver, halverade
- 2 matskedar (1 uns) smulad fetaost

Vägbeskrivning:

Kombinera oregano, vitlök naturligt pulver, 1/2 tsk peppar och 1/4 tsk salt i en skål. Värm en nonstick-panna på medelhög värme. Överdrag pannan med matlagningsspray. Lägg till kombination av fjäderfä och kryddor; sautera tills fågeln är färdig. Ringla med 1 tsk juice; Vispa. Ta bort från pannan.

Kombinera återstående 2 tsk juice, överbliven 1/4 tsk natrium, återstående 1/4 tsk peppar, yoghurt, tahini och vitlök i en liten skål; blanda väl. Kombinera medlem av salladsfamiljen, gurka, tomater och oliver. Lägg 2 1/2 koppar salladsblandning på var och en av 4 tallrikar. Toppa varje servering med 1/2 kopp kycklingkombination och 1 tsk ost. Ringla över varje portion med 3 matskedar yoghurtkombination

Näring (för 100g): 116 kalorier 11g fetter 15g kolhydrater 28g protein 634mg natrium

Grekisk Couscoussallad

Förberedelsetid: 10 minuter

Tillagningstid: 15 minuter

Portioner: 10

Svårighetsgrad: Lätt

Ingredienser:

- 1 burk (14-1/2 uns) kycklingbuljong med reducerad natriumhalt
- 1 1/2 koppar 1-3/4 okokt fullkornscouscous (cirka 11 uns)
- <u>Klä på sig:</u>
- 6 1/2 msk olivolja
- 1 1/4 tsk 1-1/2 rivet citronskal
- 3 1/2 msk citronsaft
- 13/16 tesked adobo kryddor
- 3/16 tsk salt
- <u>Sallad:</u>
- 1 2/3 dl druvtomater, halverade
- 5/6 engelsk gurka, halverad på längden och skivad
- 3/4 dl grovhackad färsk persilja
- 1 burk (6-1/2 uns) skivade mogna oliver, avrunna
- 6 1/2 msk smulad fetaost
- 3 1/3 salladslök, hackad

Vägbeskrivning:

Koka upp buljongen i en stor kastrull. Rör ner couscous. Avlägsna från värme; låt stå, täckt, tills buljongen absorberats, ca 5 minuter. Överför till ett stort fat; svalna helt.

Vispa ihop dressingämnen. Tillsätt gurka, tomatgrönsaker, persilja, oliver och salladslök till couscous; rör ner dressingen. Blanda försiktigt i ost. Tillhanda genast eller kyl och servera frostig.

Näring (för 100g): 114 kalorier 13g fetter 18g kolhydrater 27g protein 811mg natrium

Denver stekt omelett

Förberedelsetid: 10 minuter

Tillagningstid: 30 minuter

Portioner: 4

Svårighetsgrad: Genomsnittlig

Ingredienser:

- 2 matskedar smör
- 1/2 lök, köttfärs
- 1/2 grön paprika, finhackad
- 1 dl hackad kokt skinka
- 8 ägg
- 1/4 kopp mjölk
- 1/2 kopp riven cheddarost och mald svartpeppar efter smak

Vägbeskrivning:

Värm ugnen till 200 grader C (400 grader F). Smörj en rund ugnsform på 10 tum.

Smält smöret på medelvärme; koka och rör lök och peppar tills den är mjuk, ca 5 minuter. Rör ner skinkan och fortsätt koka tills allt är varmt i 5 minuter.

Vispa ägg och mjölk i en stor skål. Rör i blandningen av cheddarost och skinka; Krydda med salt och svartpeppar. Häll blandningen i en ugnsform. Grädda i ugnen, ca 25 minuter. Servera varm.

Näring (för 100g): 345 kalorier 26,8 g Fett 3,6 g Kolhydrater 22,4 g Protein 712 mg Natrium

Korvpanna

Förberedelsetid: 25 minuter

Tillagningstid: 60 minuter

Portioner: 12

Svårighetsgrad: Genomsnittlig

Ingredienser:

- 1 pund salvia frukostkorv,
- 3 dl riven potatis, avrunnen och pressad
- 1/4 kopp smält smör,
- 12 oz mjuk riven cheddarost
- 1/2 kopp lök, riven
- 1 (16 oz) liten kesobehållare
- 6 gigantiska ägg

Vägbeskrivning:

Sätt upp ugnen på 190 ° C. Smörj en 9 x 13-tums fyrkantig ugnsform lätt.

Lägg korven i en stor långpanna. Grädda på medelvärme tills den är slät. Häll av, smula sönder och reservera.

Blanda den rivna potatisen och smöret i den förberedda ugnsformen. Täck botten och sidorna av skålen med blandningen. Blanda i en skål korv, cheddar, lök, keso och ägg. Häll över potatisblandningen. Låt det gräddas.

Låt svalna i 5 minuter innan servering.

Näring (för 100g): 355 kalorier 26,3 g Fett 7,9 g Kolhydrater 21,6 g Protein 755 mg Natrium.

Grillade marinerade räkor

Förberedelsetid: 30 minuter

Tillagningstid: 60 minuter

Portioner: 6

Svårighetsgrad: Lätt

Ingredienser:

- 1 kopp olivolja,
- 1/4 kopp hackad färsk persilja
- 1 citron, saftad,
- 3 vitlöksklyftor, fint hackade
- 1 msk tomatpuré
- 2 tsk torkad oregano,
- 1 tsk salt
- 2 msk varm pepparsås
- 1 tsk mald svartpeppar,
- 2 pund räkor, skalade och avskalade från svansar

Vägbeskrivning:

Blanda olivolja, persilja, citronsaft, varm sås, vitlök, tomatpuré, oregano, salt och svartpeppar i en skål. Reservera en liten mängd för att stränga senare. Fyll den stora, återförslutbara plastpåsen med marinad och räkor. Stäng och låt svalna i 2 timmar.

Värm grillen på medelvärme. Trä räkor på spett, peta en gång i svansen och en gång i huvudet. Släng marinaden.

Olja grillen lätt. Koka räkorna i 5 minuter på varje sida eller tills de är ogenomskinliga, tråckla ofta med den reserverade marinaden.

Näring (för 100g): 447 kalorier 37,5 g Fett 3,7 g Kolhydrater 25,3 g Protein 800 mg Natrium

Korväggsgryta

Förberedelsetid: 20 minuter

Tillagningstid: 1 timme 10 minuter

Portioner: 12

Svårighetsgrad: Genomsnittlig

Ingredienser:

- 3/4-pund finhackad fläskkorv
- 1 msk smör
- 4 salladslökar, köttfärs
- 1/2 pund färsk svamp
- 10 ägg, vispade
- 1 behållare (16 gram) keso med låg fetthalt
- 1 pund Monterey Jack Cheese, riven
- 2 burkar av en grön paprika i tärningar, avrunna
- 1 kopp mjöl, 1 tsk bakpulver
- 1/2 tsk salt
- 1/3 kopp smält smör

Vägbeskrivning:

Lägg korven i en långpanna. Grädda på medelvärme tills den är slät. Häll av och ställ åt sidan. Smält smöret i en kastrull, koka och rör salladslöken och svampen tills de är mjuka.

Kombinera ägg, keso, Monterey Jack ost och paprika i en stor skål. Rör ner korv, salladslök och svamp. Täck över och övernatta i kylen.

Sätt ugnen på 175°C (350°F). Smörj en 9 x 13-tums lätt ugnsform.

Sikta mjöl, bakpulver och salt i en skål. Rör ner det smälta smöret. Tillsätt mjölblandningen i äggblandningen. Häll i den förberedda ugnsformen. Grädda tills de fått lite färg. Låt stå i 10 minuter innan servering.

Näring (för 100g): 408 kalorier 28,7g Fett 12,4g Kolhydrater 25,2g Protein 1095mg Natrium

Bakade omelettrutor

Förberedelsetid: 15 minuter

Tillagningstid: 30 minuter

Portioner: 8

Svårighetsgrad: Lätt

Ingredienser:

- 1/4 kopp smör
- 1 liten lök, köttfärs
- 1 1/2 dl riven cheddarost
- 1 burk skivad svamp
- 1 burk kokt skinka av svarta oliver (valfritt)
- skivad jalapenopeppar (valfritt)
- 12 ägg, äggröra
- 1/2 kopp mjölk
- salt och peppar efter smak

Vägbeskrivning:

Förbered ugnen på 205 ° C (400 ° F). Smörj en 9 x 13-tums ugnsform.

Koka smöret i en stekpanna på medelvärme och stek löken tills den är klar.

Lägg ut cheddarosten på botten av den förberedda ugnsformen. Varva med svamp, oliver, stekt lök, skinka och jalapenopeppar. Rör äggen i en skål med mjölk, salt och peppar. Häll äggblandningen över ingredienserna, men blanda inte.

Grädda i den förvärmda ugnen utan lock tills det inte rinner mer vätska i mitten och är ljusbrun ovanför. Låt svalna lite, skär den sedan i rutor och servera.

Näring (för 100g):344 Kalorier 27,3g Fett 7,2g Kolhydrater 17,9g Protein 1087mg Natrium

Hårdkokt ägg

Förberedelsetid: 5 minuter
Tillagningstid: 15 minuter
Portioner: 8
Svårighetsgrad: Lätt

Ingredienser:

- 1 matsked salt
- 1/4 kopp destillerad vit vinäger
- 6 koppar vatten
- 8 ägg

Vägbeskrivning:

Häll salt, vinäger och vatten i en stor kastrull och låt koka upp på hög värme. Rör ner äggen ett efter ett, och var noga med att inte dela dem. Sänk värmen och koka på låg värme och koka i 14 minuter.

Dra ut äggen från det varma vattnet och lägg dem i en behållare fylld med isvatten eller kallt vatten. Kyl helt, cirka 15 minuter.

Näring (för 100g): 72 kalorier 5 g Fett 0,4 g Kolhydrater 6,3 g Protein 947 mg Natrium

Svamp med sojasåsglasyr

Förberedelsetid: 5 minuter

Tillagningstid: 10 minuter

Portioner: 2

Svårighetsgrad: Genomsnittlig

Ingredienser:

- 2 matskedar smör
- 1 (8 uns) paket skivade vita svampar
- 2 vitlöksklyftor, hackade
- 2 tsk sojasås
- mald svartpeppar efter smak

Vägbeskrivning:

Koka smöret i en stekpanna på medelvärme; rör i svampen; koka och rör tills svampen är mjuk och släppt ca 5 minuter. Rör ner vitlöken; fortsätt koka och rör om i 1 minut. Häll sojasåsen; koka svampen i sojan tills vätskan har avdunstat, ca 4 minuter.

Näring (för 100g): 135 kalorier 11,9 g fett 5,4 g kolhydrater

Pepperoni ägg

Förberedelsetid: 10 minuter

Tillagningstid: 20 minuter

Portioner: 2

Svårighetsgrad: Genomsnittlig

Ingredienser:

- 1 kopp äggersättning
- 1 ägg
- 3 salladslökar, köttfärs
- 8 skivor pepperoni, tärnade
- 1/2 tsk vitlökspulver
- 1 tsk smält smör
- 1/4 kopp riven romanost
- salt och mald svartpeppar efter smak

Vägbeskrivning:

Kombinera äggersättningen, ägget, salladslöken, pepperoniskivorna och vitlökspulvret i en skål.

Koka smöret i en non-stick stekpanna på låg värme; Tillsätt äggblandningen, förslut pannan och koka 10 till 15 minuter. Strö över Romanos ägg och smaka av med salt och peppar.

Näring (för 100g): 266 Kalorier 16,2g Fett 3,7g Kolhydrater 25,3g Protein 586mg Natrium

Ägg muffins

Förberedelsetid: 15 minuter

Tillagningstid: 20 minuter

Portioner: 6

Svårighetsgrad: Genomsnittlig

Ingredienser:

- 1 paket bacon (12 ounces)
- 6 ägg
- 2 matskedar mjölk
- 1/4 tsk salt
- 1/4 tsk mald svartpeppar
- 1 c. Smält smör
- 1/4 tesked. Torkad persilja
- 1/2 kopp skinka
- 1/4 kopp mozzarellaost
- 6 skivor gouda

Vägbeskrivning:

Förbered ugnen på 175 ° C (350 ° F). Koka bacon på medelvärme tills det börjar få färg. Torka baconskivorna med hushållspapper.

Placera baconskivorna i de 6 kopparna i muffinsformen med nonstick. Skiva det återstående baconet och lägg det i botten av varje kopp.

Blanda ägg, mjölk, smör, persilja, salt och peppar. Tillsätt skinkan och mozzarellaosten.

Fyll kopparna med äggblandningen; garnera med Gouda ost.

Grädda i den förvärmda ugnen tills Goudaosten smält och äggen är mjuka i cirka 15 minuter.

Näring (för 100g): 310 Kalorier 22,9g Fett 2,1g Kolhydrater 23,1g Protein 988mg Natrium.

Dinosaurieägg

Förberedelsetid: 20 minuter

Tillagningstid: 15 minuter

Portioner: 4

Svårighetsgrad: Svår

Ingredienser:

- Senapssås:
- 1/4 kopp grov senap
- 1/4 kopp grekisk yoghurt
- 1 tsk vitlökspulver
- 1 nypa cayennepeppar
- Ägg:
- 2 vispade ägg
- 2 koppar potatismos
- 4 kokta ägg, skalade
- 1 burk (15 oz) HORMEL® Mary Kitchen® nötfärs finhackad burk
- 2 liter vegetabilisk olja för stekning

Vägbeskrivning:

Kombinera gammaldags senap, grekisk yoghurt, vitlökspulver och cayennepeppar i en liten skål tills den är slät.

Överför de 2 vispade äggen i en grund form; lägg potatisflingorna i en separat grund form.

Dela färsen i 4 portioner. Forma saltat nötkött runt varje ägg tills det är helt inlindat.

Blötlägg de inslagna äggen i det uppvispade ägget och pensla med potatismos tills de täcks.

Fyll oljan i en stor kastrull och värm till 190 ° C (375 ° F).

Lägg 2 ägg i den heta oljan och grädda i 3 till 5 minuter tills de är bruna. Ta bort med en droppe sked och lägg på en tallrik klädd med hushållspapper. Upprepa detta med de återstående 2 äggen.

Skär på längden och servera med en senapssås.

Näring (för 100g): 784 Kalorier 63,2g Fett 34g Kolhydrater

Dill och tomat Frittata

Förberedelsetid: 10 minuter

Tillagningstid: 35 minuter

Portioner: 6

Svårighetsgrad: Genomsnittlig

Ingredienser:

- Peppar och salt efter smak
- 1 tsk röd paprikaflingor
- 2 vitlöksklyftor, hackade
- ½ kopp smulad getost – valfritt
- 2 msk färsk gräslök, hackad
- 2 msk färsk dill, hackad
- 4 tomater, tärnade
- 8 ägg, vispade
- 1 tsk kokosolja

Vägbeskrivning:

Smörj en 9-tums rund bakplåt och förvärm ugnen till 325oF.

Blanda alla ingredienser i en stor skål och häll i en förberedd panna.

Lägg in i ugnen och grädda tills mitten är genomstekt ca 30-35 minuter.

Ta ut ur ugnen och garnera med mer gräslök och dill.

Näring (för 100g): 149 Kalorier 10,28g Fett 9,93g Kolhydrater 13,26g Protein 523mg Natrium

Paleo mandelbananpannkakor

Förberedelsetid: 10 minuter

Tillagningstid: 10 minuter

Portioner: 3

Svårighetsgrad: Genomsnittlig

Ingredienser:

- ¼ kopp mandelmjöl
- ½ tsk mald kanel
- 3 ägg
- 1 banan, mosad
- 1 msk mandelsmör
- 1 tsk vaniljextrakt
- 1 tsk olivolja
- Skivad banan att servera

Vägbeskrivning:

Vispa ägg i en bunke tills det blir fluffigt. Mosa bananen med en gaffel i en annan skål och tillsätt i äggblandningen. Tillsätt vanilj, mandelsmör, kanel och mandelmjöl. Blanda till en slät smet. Hetta upp olivoljan i en stekpanna. Tillsätt en sked av smeten och stek dem på båda sidor.

Fortsätt med dessa steg tills du är klar med all smet.

Lägg lite skivad banan ovanpå innan servering.

Näring (för 100g): 306 kalorier 26g Fett 3,6g Kolhydrater 14,4g Protein 588mg Natrium

Zucchini med ägg

Förberedelsetid: 5 minuter

Tillagningstid: 10 minuter

Portioner: 2

Svårighetsgrad: Lätt

Ingredienser:

- 1 1/2 msk olivolja
- 2 stora zucchinis, skurna i stora bitar
- salt och mald svartpeppar efter smak
- 2 stora ägg
- 1 tsk vatten, eller efter önskemål

Vägbeskrivning:

Koka oljan i en stekpanna på medelvärme; fräs zucchinin tills den är mjuk, ca 10 minuter. Krydda zucchinin väl.

Surra äggen med en gaffel i en skål. Häll i vatten och vispa tills allt är väl blandat. Häll äggen över zucchinin; koka och rör om tills äggröra och inte längre rinner, ca 5 minuter. Krydda zucchinin och äggen väl.

Näring (för 100g): 213 kalorier 15,7g Fett 11,2g Kolhydrater 10,2g Protein 180mg Natrium

Ostlik Amish frukostgryta

Förberedelsetid: 10 minuter

Tillagningstid: 50 minuter

Portioner: 12

Svårighetsgrad: Lätt

Ingredienser:

- 1 pund skivad bacon, tärnad,
- 1 söt lök, köttfärs
- 4 dl riven och fryst potatis, tinad
- 9 lätt uppvispade ägg
- 2 koppar riven cheddarost
- 1 1/2 kopp keso
- 1 1/4 koppar riven schweizisk ost

Vägbeskrivning:

Värm ugnen till 175 ° C (350 ° F). Smörj en 9 x 13-tums ugnsform.

Värm upp stor stekpanna över medelvärme; koka och rör om bacon och lök tills baconet är jämnt brynt ca 10 minuter. Dränera. Rör ner potatis, ägg, cheddarost, keso och schweizerost. Fyll blandningen i en förberedd ugnsform.

Grädda i ugnen tills äggen är kokta och osten smält i 45 till 50 minuter. Ställ åt sidan i 10 minuter innan du skär och serverar.

Näring (för 100g): 314 Kalorier 22,8g Fett 12,1g Kolhydrater 21,7g Protein 609mg Natrium

Sallad med Roquefortost

Förberedelsetid: 20 minuter

Tillagningstid: 25 minuter

Portioner: 6

Svårighetsgrad: Lätt

Ingredienser:

- 1 salladsblad, riven i lagom stora bitar
- 3 päron - skalade, utan kärna och skurna i bitar
- 5 oz Roquefortost, smulad
- 1/2 kopp hackad salladslök
- 1 avokado - skalad, kärnad och tärnad
- 1/4 kopp vitt socker
- 1/2 kopp pekannötter
- 1 1/2 tsk vitt socker
- 1/3 kopp olivolja,
- 3 matskedar rödvinsvinäger,
- 1 1/2 tsk beredd senap,
- 1 hackad vitlöksklyfta,
- 1/2 tsk mald färsk svartpeppar

Vägbeskrivning:

Tillsätt 1/4 kopp socker med pekannötterna i en stekpanna på medelvärme. Fortsätt att röra försiktigt tills sockret har smält med pekannötter. Placera försiktigt muttrarna på vaxpapper. Ställ åt sidan och bryt i bitar.

Kombination för vinägrettolja, vinäger, 1 1/2 tesked socker, senap, hackad vitlök, salt och peppar.

Blanda sallad, päron, ädelost, avokado och salladslök i en stor skål. Häll vinägretten över salladen, toppad med pekannötter och servera.

Näring (för 100g): 426 kalorier 31,6 g Fett 33,1 g Kolhydrater 8 g Protein 654 mg Natrium

Ris med Vermicelli

Förberedelsetid: 5 minuter

Tillagningstid: 45 minuter

Portioner: 6

Svårighetsgrad: Lätt

Ingredienser:

- 2 dl kortkornigt ris
- 3½ dl vatten, plus mer för att skölja och blötlägga riset
- ¼ kopp olivolja
- 1 kopp bruten vermicelli pasta
- Salt

Vägbeskrivning:

Blötlägg riset i kallt vatten tills vattnet blir rent. Lägg riset i en skål, täck med vatten och låt dra i 10 minuter. Häll av och ställ åt sidan. Koka olivoljan i en medelstor kastrull på medelvärme.

Rör ner vermicelli och koka i 2 till 3 minuter, under konstant omrörning, tills de är gyllene.

Lägg riset och koka i 1 minut under omrörning, så att riset är väl belagt med oljan. Rör ner vattnet och en nypa salt och låt vätskan koka upp. Justera värmen och låt sjuda i 20 minuter. Dra ut från värmen och låt vila i 10 minuter. Fluffa med en gaffel och servera.

Näring (för 100g): 346 kalorier 9g totalt fett 60g kolhydrater 2g protein 0,9mg natrium

Fava bönor och ris

Förberedelsetid: 10 minuter

Tillagningstid: 35 minuter

Portioner: 4

Svårighetsgrad: Lätt

Ingredienser:

- ¼ kopp olivolja
- 4 koppar färska favabönor, skalade
- 4½ koppar vatten, plus mer för duggregn
- 2 dl basmatiris
- 1/8 tsk salt
- 1/8 tsk nymalen svartpeppar
- 2 msk pinjenötter, rostade
- ½ kopp hackad färsk vitlök, eller färsk lök gräslök

Vägbeskrivning:

Fyll kastrullen med olivolja och koka på medelvärme. Tillsätt favabönorna och ringla över lite vatten för att undvika att de bränns eller fastnar. Koka i 10 minuter.

Rör försiktigt ner riset. Tillsätt vattnet, salt och peppar. Sätt upp värmen och koka upp blandningen. Justera värmen och låt det puttra i 15 minuter.

Dra ut från värmen och låt vila i 10 minuter innan servering. Skeda upp på ett serveringsfat och strö över de rostade pinjenötterna och gräslöken.

Näring (för 100g): 587 kalorier 17g totalt fett 97g kolhydrater 2g protein 0,6mg natrium

Smörade Favabönor

Förberedelsetid: 30 minuter

Tillagningstid: 15 minuter

Portioner: 4

Svårighetsgrad: Lätt

Ingredienser:

- ½ dl grönsaksbuljong
- 4 pund favabönor, skalade
- ¼ kopp färsk dragon, delad
- 1 tsk hackad färsk timjan
- ¼ tesked nymalen svartpeppar
- 1/8 tsk salt
- 2 matskedar smör
- 1 vitlöksklyfta, finhackad
- 2 msk hackad färsk persilja

Vägbeskrivning:

Koka upp grönsaksbuljong i en grund panna på medelvärme.

Tillsätt favabönorna, 2 matskedar dragon, timjan, peppar och salt. Koka tills buljongen nästan absorberats och bönorna är mjuka.

Rör ner smör, vitlök och resterande 2 matskedar dragon. Koka i 2 till 3 minuter. Strö över persiljan och servera varm.

Näring (för 100g): 458 kalorier 9g fett 81g kolhydrater 37g protein 691mg natrium

Freekeh

Förberedelsetid: 10 minuter

Tillagningstid: 40 minuter

Portioner: 4

Svårighetsgrad: Lätt

Ingredienser:

- 4 matskedar Ghee
- 1 lök, hackad
- 3½ dl grönsaksbuljong
- 1 tsk mald kryddpeppar
- 2 koppar freekeh
- 2 msk pinjenötter, rostade

Vägbeskrivning:

Smält ghee i en tjockbottnad kastrull på medelvärme. Rör ner löken och koka i cirka 5 minuter, under konstant omrörning, tills löken är gyllene. Häll i grönsaksbuljongen, tillsätt kryddpeppar och låt koka upp. Rör ner freekeh och låt blandningen koka upp. Justera värmen och låt sjuda i 30 minuter, rör om då och då. Häll upp freekeh i en serveringsform och toppa med de rostade pinjenötterna.

Näring (för 100g): 459 kalorier 18g fett 64g kolhydrater 10g protein 692mg natrium

Friterade risbollar med tomatsås

Förberedelsetid: 15 minuter

Tillagningstid: 20 minuter

Portioner: 8

Svårighetsgrad: Svår

Ingredienser:

- 1 dl brödsmulor
- 2 dl kokt risotto
- 2 stora ägg, delade
- ¼ kopp nyriven parmesanost
- 8 färska babymozzarellabollar, eller 1 (4-tum) stock färsk mozzarella, skuren i 8 bitar
- 2 matskedar vatten
- 1 kopp majsolja
- 1 kopp grundläggande tomatbasilikasås, eller köpt i butik

Vägbeskrivning:

Lägg brödsmulorna i en liten skål och ställ åt sidan. I en medelstor skål, rör ihop risotton, 1 ägg och parmesanosten tills den är väl. Dela risottoblandningen i 8 bitar. Placera dem på en ren arbetsyta och platta till varje bit.

Lägg 1 mozzarellaboll på varje tillplattad risskiva. Stäng riset runt mozzarellan för att bilda en boll. Upprepa tills du är klar med alla bollar. I samma medelstora, nu tomma skål, vispa det återstående ägget och vattnet. Doppa varje beredd risottoboll i äggsköljet och rulla den i brödsmulorna. Avsätta.

Koka majsolja i en stekpanna på hög värme. Sänk försiktigt ner risottobollarna i den heta oljan och stek i 5 till 8 minuter tills de är gyllenbruna. Rör om dem efter behov för att säkerställa att hela ytan är stekt. Använd en hålslev och lägg de stekta bollarna på hushållspapper för att rinna av.

Värm upp tomatsåsen i en medelstor kastrull på medelvärme i 5 minuter, rör om då och då och servera den varma såsen tillsammans med risbollarna.

Näring (för 100g):255 kalorier 15g fett 16g kolhydrater 2g protein 669mg natrium

Ris i spansk stil

Förberedelsetid: 10 minuter

Tillagningstid: 35 minuter

Portioner: 4

Svårighetsgrad: Genomsnittlig

Ingredienser:

- ¼ kopp olivolja
- 1 liten lök, finhackad
- 1 röd paprika, kärnad och tärnad
- 1½ dl vitt ris
- 1 tsk söt paprika
- ½ tsk malen spiskummin
- ½ tsk mald koriander
- 1 vitlöksklyfta, finhackad
- 3 matskedar tomatpuré
- 3 dl grönsaksbuljong
- 1/8 tsk salt

Vägbeskrivning:

Koka olivoljan i en stor tjockbottnad stekpanna på medelvärme. Rör ner löken och röd paprika. Koka i 5 minuter eller tills den mjuknat. Tillsätt ris, paprika, spiskummin och koriander och koka i 2 minuter, rör ofta.

Tillsätt vitlök, tomatpuré, grönsaksbuljong och salt. Rör om väl och krydda efter behov. Låt blandningen koka upp. Sänk värmen och låt sjuda i 20 minuter.

Ställ åt sidan i 5 minuter innan servering.

Näring (för 100g):414 kalorier 14g fett 63g kolhydrater 2g protein 664mg natrium

Zucchini med ris och tzatziki

Förberedelsetid: 20 minuter

Tillagningstid: 35 minuter

Portioner: 4

Svårighetsgrad: Genomsnittlig

Ingredienser:

- ¼ kopp olivolja
- 1 lök, hackad
- 3 zucchinis, tärnade
- 1 dl grönsaksbuljong
- ½ kopp hackad färsk dill
- Salt
- Nymalen svartpeppar
- 1 kopp kortkornigt ris
- 2 msk pinjenötter
- 1 kopp tzatzikisås, vanlig yoghurt eller köpt i butik

Vägbeskrivning:

Koka olja i en tjockbottnad gryta på medelvärme. Rör ner löken, vrid värmen till medel-låg och fräs i 5 minuter. Blanda i zucchinin och koka i 2 minuter till.

Rör ner grönsaksbuljongen och dillen och smaka av med salt och peppar. Sätt upp värmen till medel och låt blandningen koka upp.

Rör ner riset och låt blandningen koka upp igen. Sätt värmen på mycket låg, täck grytan och koka i 15 minuter. Dra ut från värmen och ställ åt sidan i 10 minuter. Häll upp riset på ett serveringsfat, strö över pinjenötterna och servera med tzatzikisås.

Näring (för 100g): 414 kalorier 17g fett 57g kolhydrater 5g protein 591mg natrium

Cannellinibönor med rosmarin och vitlöksaioli

Förberedelsetid: 10 minuter

Tillagningstid: 10 minuter

Portioner: 4

Svårighetsgrad: Lätt

Ingredienser:

- 4 koppar kokta cannellinibönor
- 4 koppar vatten
- ½ tsk salt
- 3 matskedar olivolja
- 2 msk hackad färsk rosmarin
- ½ kopp vitlöksaioli
- ¼ tesked nymalen svartpeppar

Vägbeskrivning:

Blanda cannellinibönor, vatten och salt i en medelstor kastrull på medelvärme. Koka upp. Koka i 5 minuter. Dränera. Koka olivoljan i en stekpanna på medelvärme.

Tillsätt bönorna. Rör ner rosmarin och aioli. Justera värmen till medel-låg och koka, rör om, bara för att värma igenom. Krydda med peppar och servera.

Näring (för 100g): 545 kalorier 36g fett 42g kolhydrater 14g protein 608mg natrium

Jeweled ris

Förberedelsetid: 15 minuter
Tillagningstid: 30 minuter
Portioner: 6
Svårighetsgrad: Svår

Ingredienser:

- ½ kopp olivolja, delad
- 1 lök, finhackad
- 1 vitlöksklyfta, finhackad
- ½ tesked hackad skalad färsk ingefära
- 4½ dl vatten
- 1 tsk salt, delat, plus mer efter behov
- 1 tsk mald gurkmeja
- 2 dl basmatiris
- 1 kopp färska söta ärtor
- 2 morötter, skalade och skurna i ½-tums tärningar
- ½ kopp torkade tranbär
- Rivet skal av 1 apelsin
- 1/8 tsk cayennepeppar
- ¼ kopp strimlad mandel, rostad

Vägbeskrivning:

Värm upp ¼ kopp olivolja i en stor panna. Lägg löken och koka i 4 minuter. Fräs i vitlök och ingefära.

Rör ner vattnet, ¾ tesked salt och gurkmejan. Låt blandningen koka upp. Häll i riset och låt blandningen koka upp. Smaka av buljongen och smaka av med mer salt efter behov. Välj värmen till låg och koka i 15 minuter. Stäng av värmen. Låt riset vila på brännaren, täckt, i 10 minuter. Under tiden, i en medelstor sautépanna eller stekpanna på medelhög värme, värm den återstående ¼ koppen olivolja. Rör ner ärtorna och morötterna. Koka i 5 minuter.

Rör ner tranbär och apelsinskal. Pudra över resterande salt och cayennepeppar. Koka i 1 till 2 minuter. Skeda upp riset på ett serveringsfat. Toppa med ärtorna och morötterna och strö över den rostade mandeln.

Näring (för 100g): 460 kalorier 19g fett 65g kolhydrater 4g protein 810mg natrium

Sparris Risotto

Förberedelsetid: 15 minuter
Tillagningstid: 30 minuter
Portioner: 4
Svårighetsgrad: Svår

Ingredienser:

- 5 dl grönsaksbuljong, uppdelad
- 3 matskedar osaltat smör, delat
- 1 msk olivolja
- 1 liten lök, hackad
- 1½ dl arborioris
- 1 pund färsk sparris, ändarna klippta, skurna i 1-tums bitar, spetsarna separerade
- ¼ kopp nyriven parmesanost

Vägbeskrivning:

Koka upp grönsaksbuljongen på medelvärme. Sätt värmen på låg och låt sjuda. Blanda 2 msk smör med olivoljan. Rör ner löken och koka i 2 till 3 minuter.

Lägg riset och rör om med en träslev under kokning i 1 minut tills kornen är väl täckta med smör och olja.

Rör ner ½ kopp varm buljong. Koka och fortsätt röra tills buljongen är helt absorberad. Tillsätt sparrisstjälkarna och ytterligare ½ kopp buljong. Koka och rör om då och då. Fortsätt att tillsätta buljongen, ½ kopp i taget, och koka tills den är helt absorberad när du tillsätter nästa ½ kopp. Rör om ofta för att förhindra att den fastnar. Ris ska vara kokt men fortfarande fast.

Tillsätt sparrisspetsarna, den återstående 1 msk smör och parmesanosten. Rör om kraftigt för att kombinera. Ta av från värmen, toppa med ytterligare parmesanost, om så önskas, och servera omedelbart.

Näring (för 100g): 434 kalorier 14 g fett 67 g kolhydrater 6 g protein 517 mg natrium

www.ingramcontent.com/pod-product-compliance
Lightning Source LLC
Chambersburg PA
CBHW070420120526
44590CB00014B/1475